GENEVIÈVE-DOMINIQUE de SALINS / SABINE DUPRÉ LA TOUR
Université Paris III

NOUVEAUX EXERCICES DE GRAMMAIRE

HATIER

Sommaire

ISBN 2-218-07286-6

AVANT-PROPOS

Objectifs et contenus

Nouveaux exercices de grammaire a été conçu dans des perspectives analogues à celles de *Premiers exercices de grammaire* :
• Le même souci d'authenticité des textes qui imitent au plus près différents articles de la presse grand public.
• La même volonté de faire apparaître, d'une manière certes plus concentrée que dans les textes authentiques, des points de grammaire qui se manifestent habituellement et naturellement dans ce type de textes.
• Les mêmes objectifs de compréhension écrite, de repérage des mécanismes morphosyntaxiques et d'expression écrite fondée sur une maîtrise de la grammaire.
•La même conception d'utilisation : réflexion sur les micro-systèmes, formulation et vérification d'hypothèses.

Conseils d'utilisation

L' ordre des dossiers étant arbitraire, les utilisateurs choisiront en fonction de leur besoin le dossier ou la partie de dossier qui convient. Par exemple, le subjonctif, exploité dans le dossier « Regards sur la crise », p. 33, pourrait, sans inconvénient, être traité avant le dossier « Revue de presse », p. 53, où est étudiée la construction passive ; ou encore, il serait prudent de répartir dans le temps l'étude de certains dossiers particulièrement denses tel que « Courrier des lecteurs », p. 63, (indicateurs temporels) ; il se pourrait que les utilisateurs n'aient pas à tenir compte de certains exercices inadéquats à leurs besoins linguistiques spécifiques. En fait, l'unité réelle des dossiers peut se limiter à un encadré de reconnaissance suivi de son exercice en losange.

Le plan de chaque dossier est conçu en fonction de plusieurs activités d'apprentissage.

1. Une page de sensibilisation : des images, des titres, de courts textes, évoquant les thèmes du dossier et quelques manifestations du point grammatical, serviront de tremplin à une conversation libre et prépareront à la lecture des textes suivants.

2. Un encadré de reconnaissance : C'est d'abord le lieu d'une lecture attentive et d'un travail de compréhension écrite. Il est destiné ensuite à l'observation et à la découverte des éléments grammaticaux à étudier. A cette fin, l'enseignant pourra demander aux apprenants de mettre en évidence par différents moyens graphiques (cercles, cadres, traits, couleurs, etc.) toutes les manifestations du micro-système. Par exemple, dans l'encadré « La Nationale 7 en question », p. 117 (expression de la cause), on devrait faire ressortir $\boxed{\text{vu}}$ et $\boxed{\text{vu que}}$ avec leur construction respective, le nom et le verbe. Les élèves proposeront alors des explications que l'enseignant confirmera ou infirmera par des exemples et des contre exemples, ce qui permettra au groupe de dégager peu à peu la règle, énoncée en langue maternelle ou en français si possible.

3. Des exercices de systématisation : Ils sont signalés par un losange. On y retrouvera la suite ou des variantes du thème abordé dans l'encadré de reconnaissance (on remarquera, à cet égard, l'ouverture ou la fermeture des encadrés !). L'objectif des exercices en losange est l'application et la pratique systématique de la règle préalablement découverte. Ils permettent, en ce sens, aux élèves de vérifier l'adéquation entre une compréhension du micro-système et son actualisation dans les textes. Les énoncés à compléter par les apprenants sont balisés d'éléments en caractères gras, destinés à guider la réalisation correcte de l'exercice.

Puisque les énoncés de ces exercices possèdent une unité thématique, on n'hésitera pas à exploiter leurs fonctions informative et ludique. Les élèves seront donc encouragés à donner leur point de vue critique sur le contenu ou à commenter le caractère et le comportement des acteurs mis en scène par les textes.

4. Des exercices plus créatifs signalés par un cercle : Ces activités diversifiées, très souvent d'ordre ludique, font d'abord appel aux facultés de recherche et d'imagination des élèves mais les conduisent, bien évidemment, à manifester leur compétence nouvelle dans le maniement du système étudié. Ainsi, dans le dossier « Le Parisien enchaîné », p. 93, (constructions consécutives), l'un des exercices en cercle propose de retrouver, à partir de mots donnés dans le désordre, des comparaisons figées du type : « muet comme une carpe ». L'objectif final est d'expliquer ces comparaisons en réemployant les constructions consécutives : « il parle ⎡si⎤ peu ⎡qu⎤'il fait penser à une carpe qui, bien sûr, ne parle pas ! ». Citons également un exemple de court texte à élaborer : dans le dossier « Météorologie et état des routes », p. 114, (expression de la cause), les élèves sont invités à rédiger la lettre d'excuse de M. Jérôme (personnage de l'exercice en bande dessinée) expliquant les raisons de son retard à un rendez-vous.

Comparés aux exercices en losange, les exercices en cercle seront donc le lieu d'une plus grande liberté dans l'expression écrite des élèves.

5. Un encadré de synthèse grammaticale : On y retrouvera une sélection d'énoncés appropriés manifestant, de façon exemplaire et à l'aide de caractères gras, le fonctionnement des règles morphosyntaxiques. Les explications en termes grammaticaux ont volontairement été omises de sorte que chaque groupe puisse formuler la règle en ses propres termes. Une fois le microsystème observé et découvert par les élèves lors de l'exercice de reconnaissance, cet encadré final pourra être consulté à tout moment du travail.

Que les utilisateurs ne soient pas arrêtés par une apparente difficulté du lexique ! La compréhension en est facilitée par les fonctions informative et ludique des textes, par les contextes situationnels liés à l'expérience courante, par des entourages explicatifs et par de nombreux retours en échos de dossier en dossier.

Nouveaux exercices de grammaire a pour but, comme tous les autres recueils d'exercices de grammaire, la connaissance et l'acquisition du système morphosyntaxique de la langue ; mais il s'en démarque par un souci constant de lier intimement et naturellement la manipulation des formes à la communication avec et à propos des textes ; communication qui est, chacun en convient actuellement, la fonction essentielle du langage et la raison fondamentale de tout apprentissage d'une langue.

DOSSIER 1

Sommaire

C'EST VOTRE DERNIÈRE CHANSON QUI VOUS A RENDU CÉLÈBRE, N'EST-CE PAS ?

JE DIRAIS QUE PARIS EST LA VILLE OÙ UN GRAND COUTURIER PEUT RÉUSSIR

LE BUT QUE VOUS AVEZ MARQUÉ A SAUVÉ VOTRE ÉQUIPE, N'EST-CE PAS ?

QUI

QUE

OÙ

A VOTRE HEBDOMADAIRE

■ **RÉMY MÉLODY**
Un nom qui chante, de nouvelles chansons que nous écouterons avec plaisir !

■ **MODE**
Regardez bien ces pages où vous trouverez les plus jolis modèles de la saison.

■ **HOROSCOPE**
Cancers ! attention aux endroits où vous irez et aux personnes que vous rencontrerez cette semaine.

■ **LE LIVRE DU MOIS**
« L'homme qui venait du froid. »

■ **LE FILM DE LA SEMAINE**
« Le voyage qui nous a réunis. »

■ **FOOTBALL**
Une victoire qu'on n'attendait plus.

■ **LANGAGE**
Jouons avec des mots, des mots qui peuvent tout dire.

■ **DIÉTÉTIQUE**
Danger ! Attention aux sucreries que mangent nos enfants.

1

1. Rémy Mélody est **un jeune chanteur de rock** _____ **vit** aux États-Unis, mais _____ **vient** souvent en France. Jeudi prochain, à Pantin, il va donner **un concert** _____ **les amateurs de rock aimeront** sûrement.

2. Mode : soyez à l'aise dans tous **les lieux** _____ vous **allez**.
   • Pour le **bureau** _____ vous **travaillez**, le tailleur Georges Chardin.
   • Pour le **salon** _____ vous **dansez**, la robe du soir Simone Maller.
   • Pour le **restaurant** _____ **vous dînez**, le chemisier en soie Sophie Parole.

3. **L'horoscope,** _____ **se trouve** à la page 6, éclaire votre avenir. **Les événements** _____ **prévoit Madame Krystall** sont surprenants. Si vous êtes Balance, **les rencontres** _____ **vous ferez** seront dangereuses. Suivez bien **les conseils** _____ **on** vous **donne**.

4. Dans le livre du mois, vous découvrirez **un univers** _____ **lutte** un homme seul, **une nature** _____ tout **est cruel**. Il s'agit du **Grand Nord,** _____ l'auteur **a vécu** dix ans et _____ il **décrit** avec précision et passion.

5. Football : l'équipe niçoise a montré toute sa valeur dans **ce match** _____ commentait Léon Sebon. **Les trois buts** _____ **cette équipe a marqués** lui ont assuré **une victoire** _____ **personne n'attendait** plus et _____ **va encourager** le football français.

6. **Langage** : Amusez-vous à ce jeu de langage avec **les amis** _____ **vous rencontrez**.

Une activité _____ **pratiquent les fanatiques** du dictionnaire et _____ **vous aimerez** sûrement, vous aussi !

② Musique

Rémy Mélody, auteur-compositeur-interprète, vient de sortir un nouveau disque. Des lecteurs nous donnent leur opinion :

— C'est un chanteur qui _____

et que _____ .

— Je _____ les disques qu'_____

_____ .

— Il y a des chansons qui _____ _____

et d'autres que _____ .

— Les thèmes que _____ ,

sont _____ .

— _____

_____ .

③ Publicités

1. Finie cette peau luisante _____ vous recouvrez de poudre ! Voilà les nouveaux produits Karine.

Prenez la crème _____ convient à votre peau.

La crème n° 1, légère, pour les peaux sèches _____ tirent.

La crème n° 2, riche, pour les peaux fragiles _____ pèlent.

Les résultats _____ vous souhaitez ne se feront pas attendre !

2. La Suisse romande, un pays généreux !

Le pays _____ l'on fabrique le gruyère « Les Monts » _____ vous reconnaîtrez à ses petits trous.

3. Faites de la gymnastique avec les disques « Matins Toniques ».

Retrouvez la forme _____ vous avez perdue.

Chaque disque est accompagné d'un livret _____ vous trouverez la description de tous les exercices et _____ vous permettra de progresser rapidement.

④ Le coin des livres

Deux amis que j'ai perdus : un très beau livre _____ raconte la vie de trois adolescents _____ se lient d'amitié dans un collège de province et _____ la vie sépare.

La bête qui me poursuit : passionnant ! Un roman qui _____ _____ et où _____

Le pays de l'au-delà : c'est un récit _____

_____

_____

_____

⑤ Langage. Le jeu des définitions

Un tire-bouchon, c'est un instrument _____ sert à ouvrir les bouteilles, bien sûr !

1. et un ouvre-boîte ? _____

Un tournevis, c'est un instrument _____ on utilise pour mettre ou retirer des vis.

2. et un sèche-cheveux ? _____

Une boîte à lettres, c'est un boîte _____ on met les lettres, c'est évident.

3. et un porte-documents ? _____

Un homme-sandwich, c'est un homme _____ porte sur lui des affiches publicitaires mais _____ on ne voit plus beaucoup de nos jours.

4. et une femme à barbe ? _____

5. et un savon à barbe ? _____

6. Un épluche-légumes ? _____

7. Un allume-cigarettes ? _____

8. Un fer à repasser ? _____

9. Une femme de ménage ? _____

10. Un ménage sans enfants ? _____

11. Un nez en trompette ? _____

12. Des yeux en amandes ? _____

13. _____

14. _____

Si vous avez entre 10 et 14 bonnes définitions, vous avez droit au titre de « dictionnaire ambulant ».

ÇA SE DIT COMME ÇA

B

Y'A* UNE CHOSE QUE JE VOULAIS TE RACONTER TOUT À L'HEURE. C'EST UNE SCÈNE QUE J'AI VUE HIER: Y'AVAIT UN HOMME QUI PROMENAIT SON CHIEN TRANQUILLEMENT.

TOUT D'UN COUP, Y'A LA POLICE QUI EST ARRIVÉE. Y'A DEUX FLICS* QUI SE SONT BAISSÉS ET QUI ONT MIS LES MENOTTES AU CHIEN!

Y'AVAIT PLEIN DE GENS QUI REGARDAIENT ET Y'EN A PAS UN QUI A PRIS LA DÉFENSE DU CHIEN!

* y a = il y a.
* Flics : mot familier pour agents de police.

6 **Dans le métro**

a

Rémy Mélody est **un chanteur** **qui** **vit** aux États-Unis.

Il va donner **un concert** **que** **vous aimerez** sûrement.
Les chansons **qu'** **il chante** vous plairont sûrement.
Les nouvelles chansons **que** **chante cet artiste** sont géniales !

Cancers ! attention **aux endroits** **où** vous **irez** cette semaine !

b

Il y a une chose **que** je veux te dire.
Il y a des gens **qui** ont vu...
J'ai une amie **qui** est arrivée.
Ils ont un copain **que** la police a arrêté.

DOSSIER 2
Documentaire spécial: sensationnel et insolite

Chilla, le plus vieux chien du monde vient de mourir à l'âge de 32 ans (217 en piges humaines), pendant son sommeil et en rongeant son dernier os.

Quatre vaches — Anémone, Primevère, Pâquerette et Prunelle — privées d'emploi par les restrictions laitières de Bruxelles ont été régulièrement (et symboliquement) inscrites à l'un des bureaux de l'ANPE de l'Indre-et-Loire. Les employés ont enregistré le dossier tout aussi régulièrement.

Steve Young, vous connaissez? C'est le joueur de football le plus cher du monde : il « pèse » 40 millions de dollars (plus de 8 milliards de centimes) et vient d'être engagé comme « quaterback » dans l'équipe des Los Angeles Express. Précision : comme vous l'aviez deviné, il s'agit de football américain.

Le plus petit violon du monde

Il pèse 14 grammes et mesure 2,5 cm de long ! La construction de cet instrument minuscule a demandé 2 000 heures de travail à son « inventeur », un musicien anglais de 65 ans, Michael Roman. L'archet a été réalisé à l'aide d'un cure-dents et de cheveux... Ce mini-violon fait d'érable, de cerisier et de séquoia n'est pas seulement un objet décoratif: on peut jouer avec !

C'EST

CE SONT

IL EST

ELLE EST

ILS SONT

ELLES SONT

NUMÉRO SPÉCIAL

SENSATIONNEL

■ Connaissez-vous Michaela Montes ? C'est la championne d'Europe de cascade automobile. Eh oui ! c'est une femme ! Elle est portugaise. Elle est cascadeuse depuis l'âge de 18 ans. Dans la vie courante, elle est sérieuse, prudente et réservée. C'est une personne mystérieuse.

■ Patrick Lejeune, c'est un nom qui vous dit quelque chose ? C'est le plus jeune jockey de France. Il a 15 ans et demi. Il est fier et décidé.

■ La face nord du Mont-Tremblant, c'est une ascension très difficile et assez dangereuse. Elle est très longue mais magnifique.

■ Vous avez vu le guide ? C'est une femme ! C'est Marie Dubois. Elle est guide de montagne depuis 6 ans. Le guide le plus demandé pour le Mont-Tremblant, c'est elle !

■ Le nombre des chômeurs augmente ! Anémone, Primevère, Pâquerette et Prunelle sont inscrites à l'Agence Nationale pour l'Emploi. Ce sont des vaches ! quatre vaches ! Elles sont privées d'emploi depuis la décision européenne de réduire la production de lait.

① Quelques personnages célèbres

1. CONCHITA CINTRON : _____ **la première femme** descendue dans l'arène pour les corridas : _____ **péruvienne** ; _____ **née** en 1922. Elle a mis à mort 350 taureaux.

2. STEVE YOUNG : _____ **le joueur de football** le plus cher du monde : il coûte 40 millions de dollars ! Il fait partie de l'équipe de football américain de Los Angeles ; _____ **américain**, bien sûr !

3. CLÉMENTINE DELAIT : _____ **une célèbre femme à barbe** ; _____ **morte** en 1939.

4. CHILLA : _____ **australien** ; _____ **âgé** de 32 ans (ce qui ferait 217 ans pour un homme) ; _____ **le plus vieux chien** du monde ; _____ **un labrador** noir.

5. ZENG JINLIAN : _____ **la femme** la plus grande du monde ; _____ _____ **chinoise** ; _____ **née** en 1964 ; elle mesure 2,40 m et pèse 147 kg.

6. NEIL A. ARMSTRONG ET E. ALDRIN : _____ **américains** ; _____ **les hommes** qui sont allés les premiers sur la lune.

7. VALENTINA TERECHKOVA : _____ **une cosmonaute** ; _____ **russe** ; _____ **la première femme** de l'espace.

8. CHRÉTIEN - HENRI HEINECKEM : _____ **un enfant prodige**. Il a parlé à dix mois et il a appris la Bible à un an ; _____ **mort** à quatre ans.

PARTICIPEZ À NOTRE GRAND JEU
« L'ENCYCLOPÉDIE VIVANTE »
PREMIER PRIX : UN VOYAGE AUTOUR DU MONDE

2 **Première épreuve**

1. LE MONT ÉVEREST : _____ le plus haut sommet du monde (8 848 m).

_____ situé à la frontière du Tibet et du Népal.

2. LE LAC BAÏKAL : _____ le lac le plus profond du monde (1 940 m).

_____ situé en URSS.

3. LE LAC TITICACA : _____ un très grand lac.

_____ connu comme le plus haut lac navigable du monde.

_____ situé à 3 811 mètres d'altitude.

4. L'ANTONFALLA : _____ un volcan, en Argentine.

_____ toujours actif.

_____ haut de 6 450 m.

5. L'AMAZONE : _____ le premier fleuve du monde.

6. LA MER MORTE : _____ située en Israël et en Jordanie.

_____ extrêmement salée.

7. LES CHUTES DU NIAGARA : _____

3 **Deuxième épreuve : Tout sur les champions !**

| LAURENT FIGNON France 1960 | MATS WILANDER Suède 1964 | LARRY TUDOR USA 1960 |

| YANNICK NOAH France 1960 | NELSON PIQUET Brésil 1952 |

| JOHN MAC ENROË USA 1959 | PATRICK MORVAN France 1945 | KATHARINA WITT Allemagne de l'Est 1965 |

1. Qui a été champion du monde de Formule 1 en 1983 ?

_____

_____

2. Qui a remporté le championnat de patinage artistique aux Jeux Olympiques de Sarajevo, en 1984 ?

_____

_____

3. Qui a gagné le Tour de France cycliste en 1983 ?

_____

_____

4. Qui a été le vainqueur des Internationaux de tennis de Roland-Garros en 1983 ?

_____

_____

et de ceux de Wimbledon ?

_____

_____

5. Qui a battu le record de l'Atlantique en 1984 ?

_____

_____

6. Qui est le champion du monde de deltaplane ?

_____

_____

④ Troisième épreuve : Personnages et lieux historiques

1. ANGELA DAVIS : _____

2. VICTOR HUGO : _____

3. LES PYRAMIDES : _____

4. ACAPULCO : _____

5. ROMULUS ET RÉMUS : _____

6. GANDHI : _____

7. LES FRÈRES LUMIÈRE: _____

INCROYABLE MAIS VRAI !

■ La neige, c'est beau, c'est enivrant, n'est-ce pas ? Mais attention à la neige de ces jours-ci, car elle est enivrante au vrai sens du mot ! Depuis lundi, en effet, six skieurs se sont trouvés comme ivres sans avoir bu une seule goutte d'alcool.

■ Un journal, ce n'est pas bon à manger en général. Pourtant, madame La Dalle, 47 ans, dévore son hebdomadaire régulièrement chaque semaine ! « Il est très nourrissant ! », dit-elle.

■ Un enfant de quatre ans, c'est parfois bien utile. Le petit Pierrot Bouquit est âgé de trois ans et dix mois. Il est capable de faire la lecture du journal tous les soirs à sa grand-mère aveugle !

■ C'est fragile, les vieilles personnes, en général ; mais vous ne connaissez pas Patrice Léger ! Cet homme a 78 ans. Il est bien plus résistant que ses petits-enfants : après 30 km de course à pied, il est encore en pleine forme !

■ Les voyages, c'est passionnant, c'est formateur, mais ça coûte cher en général ! Et bien, ceux de Bruce Lincol sont très bon marché, ils sont même gratuits ! Son secret ? Son record ? 3 000 km en chemin de fer sans billet !

■ L'amour, c'est toujours émouvant. Mais l'excès d'amour, ça peut être mortel ! Monsieur Canicet, 72 ans, s'est laissé mourir de faim pour nourrir son doberman ! Cet amour-là, vous avouerez qu'il est excessif ! En tout cas, il a été fatal à M. Canicet.

5 Et pourtant, ils aiment la vie !

1. David Visky, cascadeur : « Vous avez raison, **la cascade**, _____ dangereux, _____ risqué, et _____ souvent mortel. Mais pour moi, _____ vital, j'adore ça ! »

Hélas, _____ fatale, **la dernière cascade de Dave** ! Il s'est tué en traversant à moto un tunnel en feu.

2. Et vous, les alpinistes, vous risquez votre vie à chaque ascension ; **la vie**, _____ important, _____ précieux, n'est-ce pas ?

René Terron : « Mais bien sûr, _____ beau, _____ passionnant, **la vie**, et la vie d'un alpiniste encore plus ! **Ma vie à moi**, _____ passionnante, _____ fantastique, _____ jamais monotone. »

3. **Les enfants**, en général, _____ mignon, _____ joyeux, n'est-ce pas ? **Ça** met de l'animation dans une famille ! Écoutez Madame Meret : « Mais oui, nous habitons ici avec **nos 12 enfants** ; _____ âgés de 13 ans à 1 mois ; _____ pleins de vie ; c'est vrai que parfois _____ un peu fatigants, mais avec eux je ne m'ennuie jamais. »

4. **Un tigre**, _____ pas très rassurant ! **Un lion**, _____ plutôt féroce !

Les fauves en général, _____ plutôt dangereux. Et bien, Tippi Huron vit avec 120 fauves dans une grande propriété de 40 hectares aux USA. **Zazou** est le plus jeune tigre et le préféré : _____ indépendant comme un jeune chat mais _____ affectueux et fidèle comme un chien.

« Nous connaissons très bien **nos animaux**. Ici, _____ heureux et avec nous _____ pacifique**s** » dit Tippi Huron.

5. Venez voir le fakir Arambara et **ses aiguilles** ! _____ grosses comme des crayons, _____ en or massif ! **Des aiguilles** étincelantes plantées dans le visage, _____ impressionnant, _____ effrayant, _____ terrifiant !

6 Les dés sont jetés

61 : C'est impressionnant, un géant !

1. célèbre(s)	1. Un géant !
2. rare(s)	2. Les enfants prodiges !
3. dangereux	3. Un tigre !
4. enivrant(s)	4. Mes 120 fauves !
5. bruyant(s)	5. Le delta plane !
6. impressionnant(s)	6. Yannick Noah !

7 Devinettes : Qu'est-ce que c'est ? Qui est-ce ?

1. C'est liquide.
   C'est profond.
   C'est entouré de terre.
   Ça peut être peuplé de poissons.
   C'est un lac !

2. C'est haut, c'est rocheux.
   C'est parfois dangereux.
   Ça fume, ça peut exploser !
   _____

3. Elle est à Paris.
   Elle est en fer.
   Elle mesure 310 mètres.
   _____

4. Quand c'est frais, c'est chaud.
   Quand c'est vieux, c'est dur.
   Ça se mange à tous les repas !
   _____

5. Il est brésilien.
   C'était le roi du ballon rond.
   Il était appelé « la perle noire ».
   _____

6. Ce sont les plus hautes du monde.
   Elles sont situées en Amérique du Nord.
   _____

7. _____
   _____
   _____
   _____

8. _____
   _____
   _____

C

Les découvertes de Tonton Bourlingueur

■ Qu'un homme pèse 262 kg, c'est impossible d'après vous ?
Et bien non ! Monsieur Lestet, catcheur de profession, faisait 261,600 kg à son dernier match à Tokyo.

■ Dévorer un journal de 200 g au petit déjeuner, c'est plutôt bizarre. Et pourtant, vous le savez, Madame la Dalle le fait chaque semaine.

■ C'est curieux aussi d'élever 120 fauves chez soi. Vous vous rappelez Tippi Huron ?

■ C'est difficile d'imaginer une vie qui dure depuis plus de 4 000 ans, n'est-ce pas ? Et bien, le saviez-vous ? le pin Mathusalem en Californie est âgé de 4 600 ans.

■ C'est incroyable qu'une fleur pèse de 6 à 7 kg ! C'est pourtant vrai ! C'est vrai aussi que cette fleur, la Rafflesia Arnoldi, à Java, mesure 90 cm de diamètre.

Encyclopédie Universelle, pp. 125 à 175

■ Il est possible de voir en Californie le plus haut Séquoïa, le New Tree, qui mesure 111,60 m. Il est prouvé scientifiquement que ces arbres ont entre 3 000 et 4 000 ans.

■ Il est de plus en plus fréquent de rencontrer des cas d'obésité. Et pourtant les médecins rappellent constamment qu'il est dangereux de ne pas surveiller son poids.

■ Il est maintenant certain que les accidents cardiaques sont plus fréquents chez les obèses.

8 1. Aline Tournet est restée la dernière sur la piste des 48 heures de danse à Toronto.
— Bravo Aline ! Quels conseils donneriez-vous à ceux qui veulent suivre votre exemple ?

— _____ **rare que les conseils servent** à quelque chose ; mais je peux dire quand même que _____ **très important** _____ **être** en forme au départ. Ensuite, **avoir de bonnes chaussures** et **être à l'aise** dans ses vêtements, _____ **indispensable** !

Mais surtout, _____ **dangereux** _____ **boire de l'alcool** avant et pendant la compétition. De toutes façons, _____ **obligatoire** _____ **les candidats s'exercent** régulièrement.

2. MAIRIE DE CHAMONIX : CONSEILS AUX VACANCIERS

• _____ **indispensable** _____ **consulter** les services de la météo locale avant chaque départ, même s'il fait beau. _____ en effet **fréquent** _____ **le temps change** vers midi.

• _____ **déconseillé** _____ **partir** seul en montagne.

• _____ **dangereux** _____ **s'aventurer** dans la montagne sans avoir consulté la carte.

⑨ Encyclopédie des animaux (extraits)

1. LE PUMA : C'est un animal sauvage.

_____ fréquent de rencontrer cette espèce dans les pays d'Amérique latine.

2. LE ZÈBRE : _____

_____ difficile _____ l'approcher car c'est un animal très farouche.

3. LE TIGRON : _____

_____ rare _____ le rencontrer dans la nature mais _____

possible de _____ cet hybride de tigre et de lionne au zoo.

4. L'AUTRUCHE : _____

_____

_____

5. LE COBRA : _____

_____

_____

6. _____

_____

_____

⑩ Notre journal vous est ouvert :

Envoyez-nous d'autres curiosités en tous genres !

_____

_____

_____

_____

_____

_____

_____

_____

_____

_____

_____

_____

ÇA SE DIT COMME ÇA

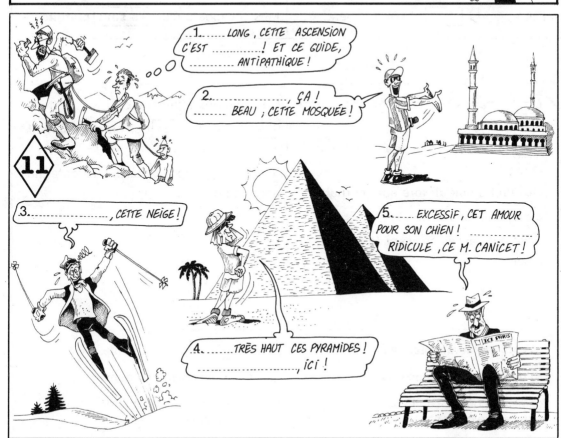

a

Michaela Montes, $\boxed{\text{c'est}}$ une cascadeuse. $\boxed{\text{Elle est}}$ portugaise.

Patrick Lejeune, $\boxed{\text{c'est}}$ le plus jeune jockey de France. $\boxed{\text{Il est}}$ fier et décidé.

Le Mont-Tremblant, $\boxed{\text{c'est}}$ une belle ascension. $\boxed{\text{Elle est}}$ difficile.

Anémone et Prunelle, $\boxed{\text{ce sont}}$ des vaches. $\boxed{\text{Elle sont}}$ chômeuses.

Qui est-ce ? $\boxed{\text{C'est}}$ Marie Dubois. $\boxed{\text{Elle est}}$ guide de montagne.

— $\boxed{\text{C'est}}$ vous ?

— Oui, $\boxed{\text{c'est}}$ moi.

---

b

$\boxed{\text{C'est}}$ bruyant, un enfant généralement.

$\boxed{\text{C'est}}$ beau, la neige.

$\boxed{\text{C'est}}$ fragile, d'habitude, les vieilles personnes.

Les voyages, $\boxed{\text{c'est}}$ cher en général.

$\boxed{\text{Il est}}$ bruyant, cet enfant !

$\boxed{\text{Elle est}}$ belle, la neige d'aujourd'hui !

Mes deux vieilles voisines, $\boxed{\text{elles sont}}$ solides comme le roc !

Mes voyages à moi, $\boxed{\text{ils sont}}$ gratuits !

---

c

$\boxed{\text{C'est}}$ impossible $\boxed{\text{qu}}$'un homme pèse 260 kg.

$\boxed{\text{C'est}}$ difficile $\boxed{\text{d}}$'imaginer un homme de 260 kg !

$\boxed{\text{Qu}}$'un homme dévore son journal, $\boxed{\text{c'est}}$ vraiment bizarre !

Élever 120 fauves chez soi, $\boxed{\text{c'est}}$ bizarre aussi !

Conseils aux alpinistes :

$\boxed{\text{Il est}}$ possible $\boxed{\text{que}}$ des orages éclatent cet après-midi.

$\boxed{\text{Il est}}$ dangereux $\boxed{\text{de}}$ partir en montagne aujourd'hui !

---

d

$\boxed{\text{C'est}}$ extraordinaire, ça !

$\boxed{\text{C'est}}$ très beau, ces chutes.

(ça se dit comme ça quand on montre quelque chose qui est là.)

$\boxed{\text{Elle est}}$ folle, cette femme.

$\boxed{\text{Ils sont}}$ sympas, ces gens.

(ça se dit comme ça quand on montre quelqu'un qui est là.

DOSSIER 3

Les pages publicitaires

**LA BANDE DESSINÉE
LA PLUS DRÔLE**
celle que lisent
tous les jeunes
DE 7 À 77 ANS

CELUI-CI

CELLE OÙ

**POUR CEUX ET CELLES
QUI ONT SOIF!**

le goût nature
celui de la fraîcheur
celui de la menthe
celui de l'eau
quand il fait chaud

VIZEL MENTHE

CEUX DE

CELLES-LÀ

CELLE QUE

LES LUNETTES
MIRO
exceptionnellement conçues pour le plaisir:
celui des formes
celui des couleurs
et celui de la transparence

BNL POUR CEUX QUI VEULENT
UNE ÉPARGNE-LOGEMENT

ET VOICI
vos journaux et magazines quotidiens et hebdomadaires

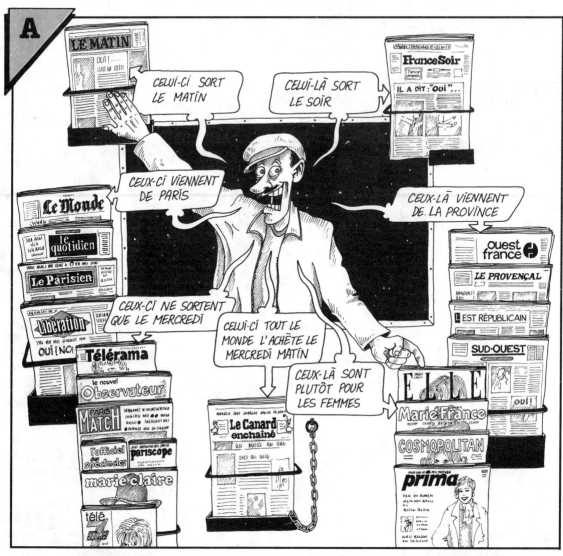

Votre spectacle publicitaire !

1 — C'est mon 3e verre.
  — **Celui-là ?**
  — Eh oui !
  — Ça se voit !
  — Et le vôtre ?
  — **Celui-ci ?** c'est du VIZEL !

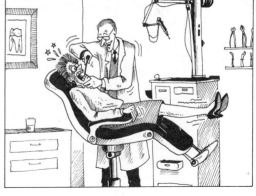

2 — J'ai mal à une dent.
  — Laquelle ?
  — Je ne sais pas exactement.

  — _____ ?

  — Aïe !!
  — Votre dentiste connaît son métier !

3 — Je voudrais le programme
     des spectacles.

  — Lequel voulez-vous ? _____

     ou _____ ?

  — L'officiel, bien sûr !

4 — Vous connaissez bien les yaourts
     Danone ?
  — Naturellement !
     Alors, vous pouvez me dire lequel
     est Danone ?

  — _____ ! j'en suis sûre !

5 — _____
  — _____
  — _____
  — _____
  — _____
  — _____

23

B

Et voici la page publicitaire :
celle que vous lirez pour votre détente !

TF1

la chaîne de télévision n° 1
celle qui vous informe
la première.
Celle des actualités mondiales
et des spectacles sensationnels !

FRANCE INTER

pour ceux et celles
qui ont le soleil entre les oreilles !

Toutes les femmes,
celles d'hier
comme celles d'aujourd'hui,
lisent

MARIE-CLAIRE

le magazine de toujours !

Les téléspectateurs avertis
lisent d'abord

TÉLÉRAMA

le journal de ceux
qui savent choisir un programme,
celui du matin ou celui de la soirée !

COSMÉTIQUE

le magazine de votre beauté.
Celui que vous aimez
mais aussi, celui qui vous aime !
Celui de toutes les femmes,
c'est naturellement
COSMÉTIQUE.

 Encore de la pub !

1. **Le désir** de partir et _____ de rester : VIDÉO-UNIVERS.

2. **Le plaisir** des livres et _____ aventures vécues : ÉDITION LA PLUME.

3. **Les exigences réelles** du confort et _____ mode : COLLANTS BEAM.

4. **Les choix** de la société et _____ individu : CONFORMEUBLES.

5. **Mesdames**, parce qu'il y a _____ qui aiment faire des économies et
   _____ **dépensent** sans compter, la BNL a prévu une solution particu-
   lière pour chacune d'entre vous.

6. **Le meilleur dentifrice**, c'est _____ **durcit** vos gencives et **lutte** contre les
   caries : TONIDENT est votre dentifrice !

   Il y a **les hommes** qui recherchent le danger et _____ **aiment** la sécurité
   et le confort solide de la nouvelle RENAULT.

8. **La mousse** à raser que vous aimez, _____ vous **achetez** parce qu'elle est douce et parfumée, c'est PALMOZETINE.

9. **La moto** de l'année, _____ vous **avez déjà essayée**, _____ tous vos amis **préfèrent**, c'est évidemment TAMAKA 4000 !

10. **La bande dessinée** la plus drôle _____ **lisent** tous les jeunes de 7 à 77 ans, _____ vous **n'oubliez jamais**, pas même en vacances, c'est TINTIN.

11. Yves Montand, **votre chanteur favori** ! _____ vous **écouterez** cette semaine à BOBINO, dans un spectacle inoubliable de gaieté et de bonne humeur !

12. Le téléphone vous rapproche de _____ et _____ vous **aimez**. A partir de 20 heures, vos communications coûtent moitié prix !

 ## Toujours de la pub !

1. BOOMERANG : dans ce roman bouleversant de vérité, vous trouverez toutes les sensations que vous cherchez : _____ tendresse et de la passion mais aussi _____ aventure et de la découverte excitante d'un continent.

2. Tous _____ achètent le journal ne le lisent pas en entier ! Il y a _____ regardent les grands titres seulement, _____ ne regardent que les faits divers, _____ lisent un ou deux articles et bien sûr, _____ adorent notre page publicitaire !

3. Pour _____ et _____ aiment la différence, toute une gamme de parfums CHARDIN.

4. TINTIN, le journal de tous les jeunes : _____ de 7 ans mais aussi _____ 77 ans !

5. Parmi toutes les voitures, il y a _____ tout le monde rêve d'avoir, _____ roule à 200 km/h et bien sûr _____ vous choisissez pour son confort et sa sécurité : RENAULT.

6. Après les journaux du matin, il y a _____ soir : FRANCE-SOIR pense à vous, pensez-y !

7. La station de ski qui vous convient, _____ vous retrouvez chaque année avec le même plaisir, c'est le MONT-TREMBLANT.

8. Le réveil KISON, _____ vous réveille en douceur, _____ vous n'avez jamais besoin de remonter, _____ sommeil tranquille.

Devinettes : de quoi parlent-ils donc ?

1. Au kiosque à journaux

— Lequel voulez-vous ? _____ ou _____ ?

— _____ .

— Ah c'est _____ tout le monde prend le mercredi matin !

— Parce que c'est _____ fait rire toute la France !

— _____ des jeunes.

— Mais aussi _____ ouvrier et du patron.

— _____ provoque et qui informe.

— _____ j'aime en tout cas !!

2. Client et vendeur

— Non, _____ , je n'en veux pas.

— Alors prenez _____ .

— Vous croyez ?

— Mais oui, c'est _____ consomme le moins, _____ roule encore plus vite, _____ tous les jeunes rêvent d'avoir.

— Elle est japonaise, n'est-ce pas ?

— Évidemment !!

3. Devant une vitrine.

— J'aime bien _____ Georges Chardin, spécialement _____ il a créés pour les hommes.

— Moi, je préfère _____ Feminella, ils sont plus capiteux, plus féminins.

— Et _____ Lambin ?

— Ils sentent très bons mais je n'en ai jamais acheté.

4. N'importe où

— Moi, c'est _____ je préfère regarder.

— Pourquoi ?

— Parce qu'il y a toujours des actualités sensationnelles.

— Ah oui ! _____ informe la première !

— C'est ça ! _____ actualités mondiales et des spectacles sensationnels.

— Ça marche la publicité, n'est-ce pas ?

5 Les jeux de la page publicitaire

Gagnez un badge publicitaire ! Comment distinguer ces trois hommes célèbres ?

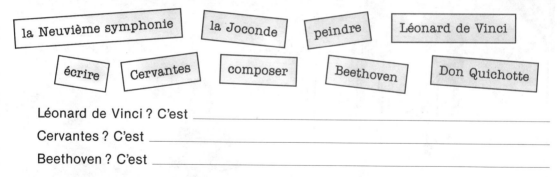

la Neuvième symphonie

la Joconde

peindre

Léonard de Vinci

écrire

Cervantes

composer

Beethoven

Don Quichotte

Léonard de Vinci ? C'est _____

Cervantes ? C'est _____

Beethoven ? C'est _____

6 Votre page publicitaire

1. Pour ceux qui ont le soleil entre les oreilles : FRANCE INTER

2. _____ : MOUTARDE DE DIJON

3. _____ : BASKETS DUPONT

4. _____ : Collants BEAM

5. _____ : Parfums G. CHARDIN

6. _____ : TAMAKA 4000

a

Quel modèle voulez-vous ? | celui-ci | ou | celui-là | ?

Quelle publicité préférez-vous ? | celle-ci | ou | celle-là | ?

Quels parfums voulez-vous ? | ceux-ci | ou | ceux-là | ?

Quelles revues prenez-vous ? | celles-ci | ou | celles-là | ?

b

Ce journal, c'est | celui du | matin.

Ces magazines sont | ceux de la | semaine.

Cette revue est | celle des | ingénieurs.

Ces pages publicitaires sont | celles de | **Publicis.**

Comme **journal**, je préfère | celui qui | **sort** le matin.

Comme **revue**, je lis | celle que | les littéraires adorent.

c

Zut ! C'est encore | celle-là | !

(ça se dit de **quelqu'un** pour exprimer un sentiment négatif.)

28

DOSSIER 4

Politique intérieure : points de vue de bistrot

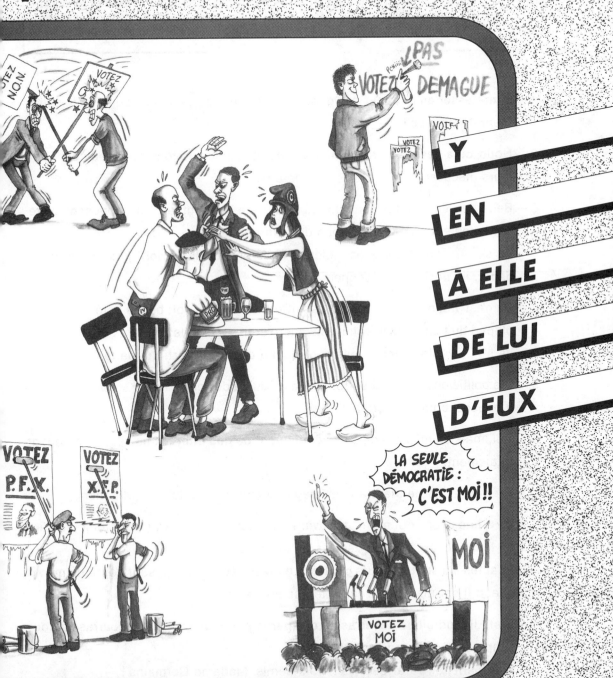

LE MICRO INVISIBLE

de notre correspondant au Café du Commerce

— Trois demis, Madame Germaine !

— Les partis politiques ! A quoi ça sert ? Ils passent leur temps à parler de leurs programmes : ils en parlent mais ils ne les réalisent jamais !

— Bien sûr ! Ils s'occupent d'une seule chose et pensent à une seule chose : le pouvoir !

Mais le bien du pays, ils ne s'en occupent jamais, ils n'y pensent jamais.

— Moi, je pense qu'ils ont envie de se remplir les poches, tout simplement.

— Nous aussi, on en a bien envie !

— Ah ! Si les politiciens pouvaient renoncer à l'ambition personnelle, y renoncer et s'intéresser d'abord au bonheur des gens.

---

1 — **S'intéresser au bonheur des gens ?** Ah ça ! Ils s'_____ intéressent, mais seulement en paroles !

2 — Nous, **on a besoin de réalisations concrètes**, mais de tout leur spectacle et de leurs discussions, on n'_____ a pas besoin.

3 — Regardez les députés pendant les séances à l'Assemblée : **ils s'opposent** systématiquement **aux interventions** des autres partis.

Ils s'_____ opposent avec violence mais en fait **ils ne font pas attention au débat**, ils ne s'_____ occupent pas.

4 — Ça c'est vrai qu'il n'_____ font pas attention : on les voit bien à la télévision ; la plupart du temps, ils lisent, ils discutent entre eux ou ils dorment ! Et les débats, ils s'_____ intéressent seulement quand c'est leur parti qui parle.

5 — Les politiciens **profitent** surtout **de la crédulité** des gens. Ils _____ profitent tous, à gauche, comme à droite !

6 — Oui, mais en même temps **ils se moquent de nos intérêts**. Ils s'_____ moquent totalement.

7 — Par contre, **ils tiennent à leur image de marque**, ça ils _____ tiennent !

8 — Il y a une chose qui m'amuse : avant les élections, les partis **sont** toujours **sûrs de leur succès**, ils _____ sont sûrs et ils l'annoncent.

Et après, **ils sont** toujours **contents du résultat** ! Ils _____ sont contents même quand il est mauvais, il faut bien sauver la face !

9 — Bref ! Il faudrait **se débarrasser des partis politiques**, s'_____ débarrasser, tout simplement.

— Bien parlé, on va arroser ça ! Trois demis, Madame Germaine !

À LA TABLE D'À CÔTÉ

— Mais écoutez, le travail des partis est indispensable ! Je ne comprends vraiment pas pourquoi tant de gens s'en plaignent. Ils préfèreraient un dictateur, peut-être ! Ils se plaindraient aussi de lui mais personne ne pourrait plus s'opposer à lui !

— Le travail politique, ce n'est pas facile ! Moi, j'admire les gens qui s'en chargent et s'en occupent, et même, je suis fier d'eux !

— Et entre les partis, ce n'est pas toujours la guerre ! Tenez, par exemple : le maire de ma commune, qui est une femme, n'est pas de mon parti ; mais je lui ai déjà parlé, je me suis adressé à elle pour les problèmes de mon quartier : et bien, nous nous sommes très bien compris.

— Moi, les discussions politiques, je m'y intéresse dans mon village. Je connais les problèmes, je rencontre très souvent le maire et ses conseillers municipaux. Eux aussi, ils connaissent les gens, ils leur parlent, ils s'intéressent à eux.

— Heureusement que les hommes et les femmes politiques se bagarrent ; ça nous permet de rire un peu ! On leur donne des surnoms, on les imite, on se moque allègrement d'eux et d'elles.

---

2 1 — En plus, dans les groupes politiques, **les gens** trouvent souvent de la chaleur humaine, de l'amitié : on _____ _____, on leur donne des responsabilités, _____ .

s'intéresser **à**
avoir besoin **de**

2 — C'est vrai ! Et **les problèmes** des gens, ce sont souvent les partis politiques qui _____ . Un exemple : **ma voisine** est restée veuve, sans aucune ressource ; et bien, c'est un groupe politique du quartier qui _____ et qui lui a expliqué ses droits.

s'occuper **de**

s'occuper **de**

3 — Mais oui, la lutte politique, c'est un véritable spectacle ; et **tous ces hommes, toutes ces femmes**, on les connaît bien dans les familles. On _____ et même, on _____ pour nos conversations.

être habitué **à**
avoir besoin **de**

4 — C'est bien vrai ! **La politique**, c'est l'éternel sujet de conversation ! Ça fait déjà une demi-heure qu'on _____ .

parler **de**

5 — Pour moi, les partis politiques jouent **un rôle** très important et ce n'est pas demain qu'on va _____ renoncer ! Vous savez, la **démocratie**, on _____ vraiment en France.

renoncer **à**
tenir **à**

③ Ils en ont parlé

a

Les partis parlent **de** **leurs programmes**, ah ça, ils **en** parlent.

Les partis sont fiers **de** **leurs résultats**, ils **en** sont toujours fiers.

Ils pensent **à** **une seule chose**, le pouvoir ! Ils **y** pensent tous !

Les Français s'intéressent-ils **à** **la politique** ? Ils s' **y** intéressent de temps en temps.

b

Les gens parlent beaucoup **de** **leurs dirigeants** ; ils parlent **d'eux** pour se distraire.

Ici, le maire s'intéresse **aux** **gens** ; il s'intéresse **à eux** parce qu'il les connaît.

Ma voisine est député ; je m'adresse souvent **à elle**.

Il y a des gens qui se moquent **d'elle** parce qu'elle fait de la politique.

Le Président, moi je suis fier **de lui**.

Nous, on ne pense jamais **à lui**.

DOSSIER 5

Vie actuelle: regards sur la crise

ILS EN VEULENT AUX MÉDIAS !

Actuellement, à la radio, à la télévision, dans les journaux, on dit et on écrit beaucoup de choses sur la crise économique et morale de la société. Nous avons demandé à des jeunes s'ils pensaient être bien informés sur ces problèmes.

Voici quelques-unes des réponses :

« Est-ce qu'il est vraiment nécessaire qu'on dise et qu'on écrive tant de choses et que tout le monde prenne peur ? Car c'est ce qui arrive : tout le monde prend peur et se renferme sur soi. C'est dommage ! »

Agnès, 23 ans, secrétaire

« A mon avis, c'est bien que le public voie et entende à la radio et à la télévision ce qui se passe actuellement. Mais si personne ne réagit, à quoi ça sert ? On voit, on entend et puis on retourne à ses affaires. Il faudrait que chacun réagisse, que les gens s'organisent et qu'ils essayent de faire quelque chose. »

Pierre, 30 ans, ingénieur

« Mais qui dans le public connaît vraiment les problèmes ? Les gens reçoivent des informations de tous les côtés mais ils ne comprennent pas grand-chose. Ce serait utile que chaque travailleur reçoive une information précise et complète sur les problèmes de son travail. Bien sûr, moi par exemple, c'est impossible que je connaisse et comprenne parfaitement les difficultés de ma banque mais je me dis souvent : il faut que tu prennes le temps de t'informer, que tu assistes à des réunions, que tu lises et réfléchisses sur ce qui se passe ici. »

Dominique, 21 ans, employé de banque

1.

1. Donc, pour ces jeunes, **il serait d'abord nécessaire que** l'information _____ plus claire et plus complète. Mais **il faudrait aussi** _____ chacun _____ par lui-même. **Il faudrait enfin que** les gens _____ de chez eux et _____ ils _____ ensemble pour trouver des solutions.

devenir : ils **devienn**ent

s'**inform**er
sortir : ils **sort**ent
agir : ils **agiss**ent

2. Anita, 28 ans, assistante sociale, a une idée personnelle sur l'information :

« Moi, pour connaître les problèmes économiques et sociaux actuels, **ce n'est pas nécessaire** _____ je _____ le journal, **que** je _____ et _____ j'_____ ce qu'on présente à la télévision. **Il suffit que** je _____ autour de moi, dans ma vie de tous les jours. »

lire : ils **lis**ent
voir : ils **voi**ent
entendre : ils **entend**ent
regarder

3. De même, Joël, 24 ans, chômeur, aimerait dire ceci à chaque téléspectateur de son âge :

« N'écoute pas les professionnels de l'information qui déforment tout !

Il vaut mieux _____ tu _____ de chez toi, que tu _____ le temps de rencontrer des gens, _____ tu _____ avec eux, _____ tu _____ les yeux : c'est ça la véritable information ! »

sortir : ils **sort**ent	
prendre : ils **prenn**ent	
parler	
ouvrir : ils **ouvr**ent	

4. Véronique, 17 ans, étudiante, veut rester libre :
« **Je refuse qu'**on me _____ des malheurs futurs ou qu'on me _____ une vie meilleure : ma vie, c'est moi qui la fais ! **Il faut que** chacun _____ responsable de son avenir. »

prédire : ils **prédis**ent
promettre : ils **promett**ent

se sentir : ils se **sent**ent.

5. La réponse de Valérie, 18 ans, intérimaire, est assez typique de l'attitude des jeunes de cet âge :
« Toutes les personnes que vous interrogez répondent : **il faut, il faudrait, c'est nécessaire, ce serait important, il vaut mieux, c'est impossible,** etc. Ils vivent dans l'insatisfaction permanente. **Vous voulez que** je vous _____ franchement ? La crise, ça ne m'intéresse pas ! **Qu'**on _____ en arrière, **qu'**on _____ pauvre ou riche, **ça m'est égal** ! Moi, je vis au jour le jour ; et **je souhaite** _____ tout le monde _____ sa vie comme une fête ! »

répondre : ils **répond**ent
revenir : ils **revienn**ent
devenir : ils **devienn**ent

vivre : ils **viv**ent

REGARD SUR LA CRISE

Extrait de l'émission télévisée « Consommation et Créativité »

L'animateur : Voici ce que l'on entend dire souvent à notre époque :

« Actuellement dans cette société, nous devons payer pour tout ! Même pour le verre d'eau que nous buvons ! Nous ne prenons plus le temps de faire les choses par nous-mêmes, nous achetons. Nous devenons principalement des consommateurs et non plus des créateurs. Nous nous croyons libres, mais nous sommes totalement conditionnés. »

La société de consommation détruit-elle notre créativité ? Qu'en pensez-vous ?

Claude, professeur de physique : C'est vrai ! Je regrette que nous devions tout acheter. C'est dommage que nous ne prenions plus le temps de fabriquer et de construire de nos mains. Mais regardez : les prix continuent à monter et nous ne gagnons pas plus ; il va être impossible que nous continuions à acheter comme ça. Il faudra bientôt que nous redevenions des créateurs, et il est possible que, grâce à la crise, nous retrouvions une certaine liberté.

L'animateur : Je suis surpris que vous croyiez en un avenir meilleur et que vous espériez encore quelque chose. Il est rare, ces temps-ci, que nous recevions des invités aussi optimistes que vous.

2.

1. *Amélie P., mère de famille :* « Avec la crise actuelle, **il faut que** nous _____ artisans et créateurs, **que** nous _____ et _____ nous _____ nos logements de nos mains, car tout devient trop cher. »

   devenir :
   nous **deven**ons

   construire :
   nous **construis**ons

   bricoler

2. *Yves D., vendeur :* « C'est vrai ! de nos jours, **il vaut mieux que** vous _____ à vos filles à coudre et à tricoter car qui connaît l'avenir ? »

   apprendre :
   vous **apprenez**

3. *Agnès R., étudiante :* « Et pourquoi pas à vos garçons ? **Ce serait bien que** vous, les hommes, vous _____ certaines activités nouvelles ; **il serait grand temps que** nous _____ les différences entre les activités féminines et les activités masculines. »

   découvrir :
   vous **découvr**ez

   effacer

4. *L'animateur :* « Mademoiselle, **je ne voudrais pas que** vous _____ du sujet ! »

   sortir :
   vous **sort**ez

5. *Agnès R. :* « Mais je n'en sors pas ! **Je souhaite que**, grâce à la crise, nous _____ en question la tradition, malheureusement, **il se peut que**, par peur, nous ne _____ rien. »

   remettre :
   nous **remett**ons

   changer

6. *Paul R., ingénieur :* « Elle a entièrement raison ! **Souhaiter, vouloir, avoir envie de** changer, ça c'est positif. Mais **craindre, avoir peur, regretter** sont des attitudes qui ne servent à rien. **Il faut que** _____ au progrès humain. »

   croire :
   nous **croy**ons

35 heures de travail par semaine : qu'en diriez-vous ?

Quelques opinions :

Robert B., employé aux PTT : « Qui peut regretter qu'on veuille réduire le temps de travail ? Pas moi ! Au contraire, j'aimerais que les responsables puissent mettre en place les nouveaux horaires le plus vite possible. J'attends avec impatience qu'on ait enfin plus de temps libre ! »

Alain P. technicien : « J'ai bien peur que nous ayons une réduction de salaire si nous acceptons les 35 heures. Personnellement, je refuserai que mon salaire soit inférieur. »

Madame A., mère de famille : « Moi je préfèrerais bien sûr que mon mari ne fasse que 35 heures ; ce serait tellement mieux qu'il soit plus souvent avec les enfants et qu'il sache enfin s'occuper d'eux. Je serais contente qu'ils aillent ensemble faire du sport, par exemple. »

3

1. *Michel T., cadre dans une entreprise :* « Il ne faut pas rêver ! **Ce n'est pas possible qu'**on _____ seulement 35 heures par semaine : qui ferait le reste du travail ? **Il est exclu que** les patrons _____ employer plus de gens, ça leur coûterait trop cher ! »

   faire

   pouvoir

2. *Annie B, secrétaire :* « Moi, **je ne comprends pas que** les gens _____ travailler moins et gagner autant, ce n'est pas logique. »

   vouloir

3. *Hélène N., ouvrière :* « A mon avis, **il serait préférable que** nous _____ plus de vacances et que nous _____ les passer avec nos enfants. »

   avoir

   pouvoir

4. *Jeanne G., infirmière :* « **Je suis surprise que** la réduction du temps de travail _____ si discutée, c'est la seule solution au problème du chômage ! »

   être

5. *Maurice C., technicien :* « Mon opinion sur les 35 heures ? Mais **à quoi ça sert qu'**on _____ un sentiment personnel sur cette question ? **Je suis étonné que** les gens ne _____ pas voir les problèmes d'une façon plus générale, plus politique. **Il faudrait que** les travailleurs _____ se mettre d'accord et qu'ils _____ ensuite manifester au Ministère du Travail. »

   avoir

   savoir

   pouvoir

   aller

CRISE DE LA JUSTICE ?

Deux détenus en permission ont abattu hier trois employés d'une agence de la BNL à Avignon : ceux-ci refusaient de leur donner la clef de la salle des coffres.

Quelques réactions à ce fait divers :

« Il est inadmissible qu'on ait libéré des malfaiteurs. Il faut qu'on enferme les voleurs et les assassins pour de bon. »

« C'est bien dommage que leur séjour en prison n'ait pas servi à redresser ces deux hommes. Il faut que les prisons changent. »

« C'est scandaleux que ces assassins ne soient pas restés où ils étaient. »

« Je regrette que nous n'ayons pas progressé dans la sécurité des citoyens. Pour un pays soi-disant civilisé, c'est triste. »

4

1. « **Je ne comprends pas que** des hommes aussi dangereux _____ la liberté, même provisoire. »

obtenir

2. « **C'est bien dommage qu'**on _____ la peine de mort ! Ça empêcherait les gens de faire de telles choses. »

supprimer

3. « Vraiment ! **On peut être déçu que** notre Justice _____ _____ aussi bas. »

tomber

4. « **C'est incroyable que** ces deux hommes _____ de telles actions après de longues années de prison et **qu'**ils n'_____ d'y retourner. »

recommencer

avoir peur

5. « Quelle époque ! **C'est anormal que** ces deux criminels _____ _____ si facilement. »

être libéré

6. « **C'est incompréhensible qu'**on n'_____ empê-cher deux malfaiteurs en liberté provisoire de faire des horreurs pareilles ! »

pouvoir

7. « Ils étaient en permission, donc théoriquement ils étaient surveillés. Comment **est-ce possible qu'**on ne les _____ _____ efficacement ? »

surveiller

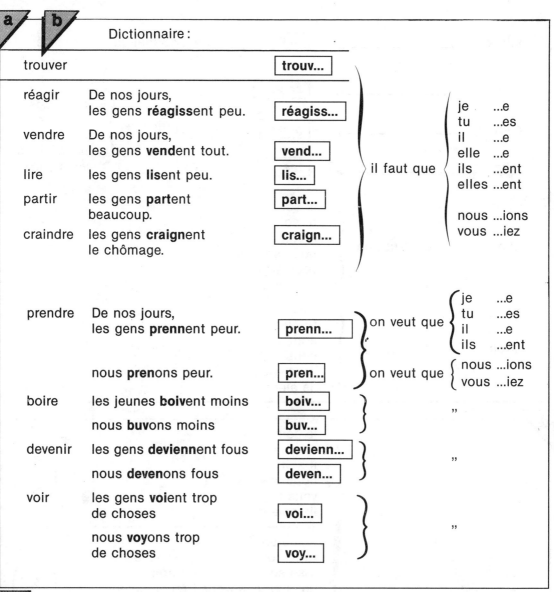

Dictionnaire :

trouver — **trouv...**

réagir — De nos jours, les gens **réagiss**ent peu. — **réagiss...**

vendre — De nos jours, les gens **vend**ent tout. — **vend...**

lire — les gens **lis**ent peu. — **lis...**

partir — les gens **part**ent beaucoup. — **part...**

craindre — les gens **craign**ent le chômage. — **craign...**

il faut que

je	...e
tu	...es
il	...e
elle	...e
ils	...ent
elles	...ent
nous	...ions
vous	...iez

prendre — De nos jours, les gens **prenn**ent peur. — **prenn...**

on veut que

je	...e
tu	...es
il	...e
ils	...ent

nous **pren**ons peur. — **pren...**

on veut que

| nous | ...ions |
| vous | ...iez |

boire — les jeunes **boiv**ent moins — **boiv...**

nous **buv**ons moins — **buv...**

"

devenir — les gens **devienn**ent fous — **devienn...**

nous **deven**ons fous — **deven...**

"

voir — les gens **voi**ent trop de choses — **voi...**

nous **voy**ons trop de choses — **voy...**

"

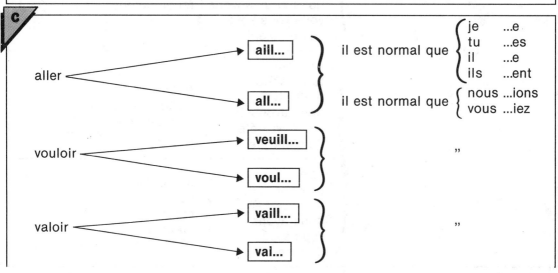

aller → **aill...** → il est normal que

je	...e
tu	...es
il	...e
ils	...ent

aller → **all...** → il est normal que

| nous | ...ions |
| vous | ...iez |

vouloir → **veuill...**

vouloir → **voul...**

"

valoir → **vaill...**

valoir → **vai...**

"

39

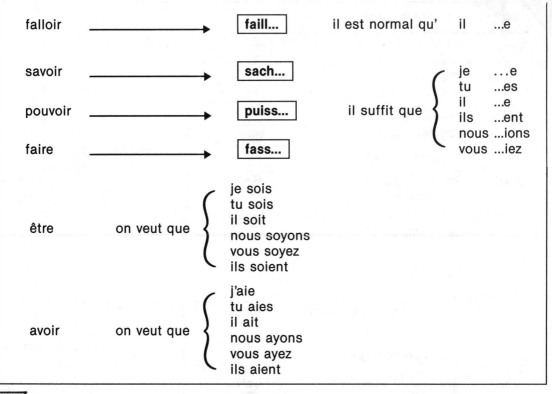

| falloir | → | **faill...** | il est normal qu' | il | ...e |

savoir	→	**sach...**
pouvoir	→	**puiss...**
faire	→	**fass...**

il suffit que
- je ...e
- tu ...es
- il ...e
- ils ...ent
- nous ...ions
- vous ...iez

être — on veut que
- je sois
- tu sois
- il soit
- nous soyons
- vous soyez
- ils soient

avoir — on veut que
- j'aie
- tu aies
- il ait
- nous ayons
- vous ayez
- ils aient

d

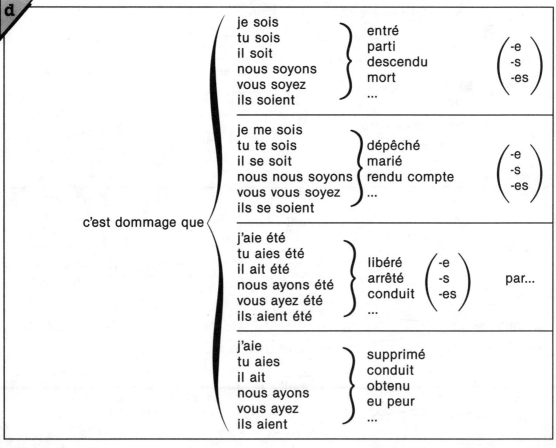

c'est dommage que

- je sois
- tu sois
- il soit
- nous soyons
- vous soyez
- ils soient

  } entré / parti / descendu / mort / ... (-e / -s / -es)

- je me sois
- tu te sois
- il se soit
- nous nous soyons
- vous vous soyez
- ils se soient

  } dépêché / marié / rendu compte / ... (-e / -s / -es)

- j'aie été
- tu aies été
- il ait été
- nous ayons été
- vous ayez été
- ils aient été

  } libéré / arrêté / conduit / ... (-e / -s / -es) par...

- j'aie
- tu aies
- il ait
- nous ayons
- vous ayez
- ils aient

  } supprimé / conduit / obtenu / eu peur / ...

FAMILLES : Les Français ne font pas assez d'enfants

Selon les statistiques, il y a seulement 1,8 enfant par famille en France. Le gouvernement souhaite qu'il y en ait 2,4. Par des aides financières, il encourage donc les Français à avoir plus d'enfants. Tous les Français ne sont pas d'accord sur cette politique. Certains pensent que le gouvernement a raison :

« C'est vrai qu'il n'y a pas assez d'enfants ; notre pays a besoin qu'il y en ait plus. C'est très bien que le gouvernement fasse quelque chose pour les familles nombreuses. »

« Il est évident que la vie est difficile à notre époque pour les familles qui ont beaucoup d'enfants. Il est donc indispensable que le gouvernement prenne ses responsabilités et donne de l'argent aux couples qui désirent avoir beaucoup d'enfants. »

D'autres Français estiment que cette politique ne servira à rien :

« Les gens ne veulent pas avoir d'enfants parce qu'ils voient que les jeunes ne peuvent pas trouver de travail. Ils ont donc peur que leurs futurs enfants ne puissent pas trouver leur place dans cette société en crise. Il faudrait d'abord que la société réagisse positivement et qu'elle reprenne espoir. »

Pour certains, il serait indispensable que les pères et mères de famille soient sûrs de toujours garder leur emploi.
Ils disent que la sécurité d'emploi est plus importante que toutes les aides financières du gouvernement.

5.

1. Certaines femmes **disent que**, par les aides financières, on _____ les empêcher de travailler à l'extérieur et les garder à la maison. Elles **préféreraient qu'**on _____ plus d'écoles ou de crèches pour leurs enfants et surtout **qu'**on _____ à 35 heures la semaine de travail. | vouloir / construire / réduire

2. **Il est évident qu'**on _____ la vie des familles en réduisant à 35 heures le temps de travail. **Il est possible que** cela _____ le nombre des naissances. | améliorer / augmenter

3. Certains Français **affirment que** la loi sur l'avortement _____ responsable de la baisse actuelle de la natalité :
« **Il est scandaleux** et **dangereux** pour la France **que** les femmes _____ avorter librement ». Ils **voudraient que** cette loi sur l'avortement _____ modifiée. | être / pouvoir / être

4. Il y a souvent des gens qui **pensent que** le gouvernement ne _____ pas intervenir dans la vie des familles : « **C'est certain que** les couples _____ moins d'enfants actuellement mais c'est leur liberté ! **C'est** donc **anormal que** le gouvernement _____ les influencer en leur donnant de l'argent ! » | devoir / avoir / vouloir

5. Pour beaucoup de Français, **il est certain que** la société actuelle _____ les gens plus égoïstes. Si la société change, si on s'intéresse moins à la consommation et aux biens matériels, par exemple, **il n'est pas impossible que** les couples _____ plus d'enfants ! | rendre / faire

6 JEU : les choses ne vont pas très bien dans le monde !

Alors, qui dit quoi ?

1. l'indifférent ?

a. « Je pense que les choses _____ encore plus mal. »

2. le naïf ?

b. « J'ai peur que les choses _____ encore plus mal. »

3. l'inquiet ?

c. « D'après moi, il est facile que les choses _____ mieux avec un peu de bonne volonté. »

4. le réaliste ?

d. « Que les choses _____ bien ou mal, ça m'est égal, tout ça ne m'intéresse pas. »

5. le pessimiste ?

e. « Je constate que les choses _____ mal. »

6. l'optimiste ?

f. « Je suis sûr que les choses _____ mieux très bientôt. »

Réponses | 1 d | | | | | |

7 Pollution d'une rivière : une population en colère

Des tracts distribués par les associations de riverains, d'agriculteurs et de pêcheurs, accusent l'usine de produits chimiques SOCHINA d'être responsable de la pollution des eaux de La Bazine.

Les riverains protestent contre les désagréments apportés par les nombreux poissons morts qui flottent à la surface de la rivière.

Les agriculteurs qui arrosent leurs champs avec l'eau de La Bazine sont inquiets et furieux.

Les pêcheurs sont eux aussi scandalisés et demandent le remboursement de leur carte de pêche.

Par ailleurs, comme beaucoup de vacanciers ont l'habitude de laisser leurs enfants jouer dans la rivière, la municipalité a dû mettre des panneaux signalant que les poissons morts pourraient être toxiques.

ATTENTION! DANGER!

Il est dangereux que les enfants _____

_____

car il est possible que les gaz dégagés par les

poissons morts _____

_____

REMBOURSEZ NOS PERMIS !

Il est inadmissible que _____

_____

Nous exigeons que _____

_____

Association des pêcheurs
de La Bazine

Les cultures aussi sont menacées par la pollution de La Bazine !

Nous craignons que _____

_____

_____

Il est scandaleux que _____

_____

_____

Il faut que _____

_____

_____

Les agriculteurs en colère

HALTE AU MASSACRE DES POISSONS !
EXIGEONS LA SAUVEGARDE
DE NOTRE RIVIÈRE !

Il est anormal que _____

_____

_____

Il est urgent que _____

_____

_____

Nous demandons que _____

_____

_____

Association des riverains de La Bazine

⑧

43

e

je me réjouis
je regrette
j'ai peur
je crains
je suis triste
je suis déçu
je suis content
...

je veux
je désire
je souhaite
j'ai envie
j'ai besoin
j'aimerais
je refuse
j'accepte
j'évite
j'empêche
...

je doute
je ne suis pas sûr
je ne pense pas
je ne crois pas
...

il (c') est possible
il (c') est impossible
il se peut
il (ce) n'est pas sûr
...

il faut
il suffit
il (c') est nécessaire
il (c') est indispensable
il (c') est obligatoire
...

il (c') est dommage
il (c') est bien
il (c') est normal
il (c') est scandaleux
il (c') est incroyable
...

que tu **aies** raison

je sais
je constate
je vois
je remarque
je dis
j'affirme
...

je suis sûr
je suis convaincu
je pense
je crois
...
il (c') est certain
il (c') est sûr
...

il (c') est évident
il (c') est vrai
il (c') est clair
...

que tu **as** raison

DOSSIER 6

Le feuilleton de la semaine :
Jude Prolixe détective

LA BNL MONGE DÉVALISÉE

Le gang est sous les verrous

IL L'AVAIT PERDUE

IL L'A RETROUVÉE

ELLE MARCHAIT

La police a arrêté deux faussaires daltoniens

Ils avaient fabriqué des millions de faux dollars

Les faux billets étaient rouges !

Jude Prolixe, détective

« Mais cette histoire est vraiment la plus simple du monde, Monsieur le Commissaire ! D'ailleurs je vais vous raconter en détails tout ce qui s'est passé. Il était 6 heures ce matin, la rue Gracieuse était déserte et je faisais le guet en face du numéro 9. A 6 heures 10 exactement, un homme est sorti de l'immeuble. Il était pâle, mal rasé et en chemisette d'été, il portait une grosse valise noire qui semblait très lourde, il avait l'air inquiet, alors je l'ai suivi. A un moment, il s'est arrêté. Il y avait un kiosque à journaux de l'autre côté de la rue, il a traversé et il est allé acheter le Quotidien de Paris. Comme vous le savez, ce matin le vent soufflait très fort ; alors il n'a pas pu ouvrir son journal et il est entré dans un café qui était vide à cette heure matinale.

1. Il _____ au bar, il _____ un café et il _____ son journal nerveusement.

    s'installer
    commander
    ouvrir

2. **Alors**, moi je l'_____ dans une cabine téléphonique qui _____ juste en face du bistrot.

    attendre
    se trouver

3. L'appareil téléphonique _____ en dérangement mais la cabine _____ un excellent poste d'observation :

    être
    être

4. Il _____ lentement, il _____ **toujours**, le patron du bar le _____ avec étonnement.

    manger - lire
    regarder

5. **Tout à coup**, il _____ son journal, il _____ _____ sa consommation, **et puis** il _____ du café ; le vent _____ **toujours** très fort.

    fermer - régler
    sortir
    souffler

6. **Alors**, je l'_____ sans le perdre de vue **jusqu'à** la place de la Bastille. **Deux fois**, j'_____ de le perdre **parce qu'**il y _____ beaucoup de circulation.

    suivre
    avoir peur
    avoir

7. Mais **enfin**, je l'_____ au numéro 9 de la rue Saint Antoine.

    rattraper

8. **A mon tour**, je _____ dans l'immeuble **et** j'_____ _____ ses pas dans l'escalier.

    entrer
    entendre

9. **Sans perdre une minute**, je _____ derrière lui. Il n'y _____ pas d'ascenseur **et** l'escalier _____ sombre.

    monter
    avoir - être

10. Il _____ au 3e étage **et** il _____ à une porte.

    s'arrêter
    sonner

11. **Immédiatement** on lui _____ . **Alors**, je _____ _____ au rez-de-chaussée **et** j'_____ le nom des habitants de l'immeuble sur les boîtes à lettres.

    ouvrir
    descendre
    vérifier

B

Je cherchais le nom des habitants du 3ᵉ étage quand une femme est venue prendre son courrier. Elle m'a demandé qui je voulais voir. Je lui ai souri sans répondre, puis j'ai repris mes recherches systématiquement. Enfin, j'ai trouvé le nom que je cherchais depuis quelques minutes : Maître Perlon, avocat ! J'ai décidé d'attendre calmement pendant que Maître Perlon discutait avec son visiteur. J'étais en train de lire mon journal quand j'ai entendu des pas dans l'escalier : c'était l'homme à la valise noire et le célèbre avocat de la mafia.

2

1. **Quand** ils _____ **que** je les _____, ils _____ m'éviter mais moi, je les _____ tranquillement.

2. Je leur _____ **où** ils _____ .

3. Maître Perlon _____ **que** ça ne me _____ pas.

4. **Pendant qu'**il _____, j'_____ le revolver **que** je _____ sous mon journal ; ils _____ **immédiatement**.

5. **Pendant que** nous _____ vers la Bastille, **à un moment**, ils _____ de s'enfuir mais je les _____ de mon fameux revolver **qui**, en fait, n'_____ pas chargé ! Et voilà comment nous _____ _____ **jusqu'au** poste de police !

| voir - attendre |
| vouloir |
| aborder |
| demander |
| aller |
| répondre |
| regarder |
| parler - sortir |
| tenir |
| se rendre |
| marcher |
| essayer |
| menacer |
| être |
| arriver |

C

Comment j'ai découvert ces deux gangsters ? Eh bien voilà : hier vers 17 h 30 quand deux hommes armés sont sortis de la BNL, place Monge, avec tout l'argent de la banque, le directeur m'a immédiatement appelé. Quand je suis arrivé, les employés de la banque étaient encore très émus et deux policiers les interrogeaient. Dès qu'il m'a vu, le directeur m'a fait entrer dans son bureau et il a commencé à m'expliquer les circonstances du hold-up.

3

1. **Quand** je lui _____ **s'**il n'y _____ pas quelques indices matériels, il _____ **tout de suite** un petit papier **qui** _____ une inscription en rouge.

2. **Dès que** je l'_____, j'_____ **que** c'_____ un message de grande importance.

3. Et pourtant, le message ne _____ que ces simples mots : « Les 9 Gracieuse et Saint Antoine ».

4. **Quand** j'_____ le papier au directeur, il l'_____ sans comprendre mon sourire amusé.

| demander |
| avoir |
| montrer |
| contenir |
| lire |
| comprendre |
| être |
| contenir |
| rendre |
| relire |

5. **Alors**, il m'_____ **si** je _____ bien

   m'occuper de cette affaire de hold-up **qui** lui _____

   difficile à résoudre.

   demander
   vouloir
   sembler

6. J'_____ **et puis** le directeur m'_____

   _____ jusqu'à la porte. **Quand** je _____

   seul dans la rue, j'_____ de rire.

   accepter
   reconduire
   se retrouver
   éclater

D

J'ai éclaté de rire tout simplement parce que j'avais compris en lisant le message qu'il avait une importance capitale !
Bien sûr les gangsters avaient réussi leur hold-up : ils avaient emporté 800 millions de francs, ils s'étaient enfuis sans problème, la police n'avait pas pu les rattraper. Mais les gangsters avaient commis une grave erreur car moi, j'ai tout de suite deviné que le message « Les 9 Gracieuse et Saint-Antoine », c'était tout bêtement leurs deux adresses !

4

1. Donc en sortant de la banque, je **me suis mis** au travail puisque

   le directeur m'_____ cette délicate affaire.

   confier

2. Comme j'_____ qu'il _____

   de deux adresses, il _____ vérifier que je ne

   _____.

   deviner - s'agir
   falloir
   se tromper

3. **Tout de suite**, j'_____ mon plan de Paris mais

   je _____ que je l'_____

   ma voiture **la veille**.

   chercher
   se rappeler
   laisser

4. **Alors**, j'_____ à un passant

   s'il _____ un plan . Il _____ qu'il

   _____ **le matin même** !

   demander
   avoir - répondre
   perdre

5. **Finalement**, j'_____ que la rue Gracieuse

   _____ près de la BNL de la place Monge,

   celle qu'on _____ **vers 17 heures 30** !

   découvrir
   se trouver
   dévaliser

6. **Alors**, j'_____ que les gangsters _____

   _____ leur butin à cette adresse puisqu'elle _____

   tout près de la banque. C'est d'ailleurs pour cette raison qu'ils

   _____ si facilement à la police !

   imaginer
   cacher - être
   échapper

7. Donc, j'_____ de faire le guet en face du

   9 rue Gracieuse **et toute la nuit** j'_____.

   décider
   attendre

8. **Quand ce matin**, à 6 heures, j'_____ **que** l'homme à la

   valise noire ne _____ **et qu'il** _____

   _____ en chemisette d'été, j'_____

   qu'il _____ là **pendant toute la nuit et** je

   l'_____ tout simplement ! »

   voir
   se raser - sortir
   comprendre
   se cacher
   suivre

1. _____ 6 heures
du matin.

_____ très froid.

Le vent _____ fort.

Un homme, qui _____

_____

_____

est sorti du 9 rue Gracieuse.

2. _____ un kiosque
à journaux de l'autre côté de la rue.

L'homme _____

_____ le Quotidien

de Paris.

3. _____ dans un café
qui _____
à cette heure matinale.

4. _____ une cabine
téléphonique en face du café.

L'appareil _____

mais _____ poste

d'observation.

_____ beaucoup de
monde au Musée Rodin[1].
Les visiteurs _____
le Penseur[1].
Pendant que _____ le
guide qui _____
quelqu'un _____ .

_____ dans ma voiture
qui _____ en face du
Musée Rodin quand _____
un homme qui _____ .
Il _____ .
_____

1. Sculpteur français (1840-1917). Son chef-d'œuvre le plus connu est « Le Penseur ».

_____
_____
_____
_____
_____
_____

_____
_____
_____
_____
_____
_____

HISTOIRE DE FOUS

Mademoiselle Nissa Quevada, de nationalité brésilienne, a déclaré ce matin au commissariat du 5e arrondissement, à Paris, qu'elle avait été cambriolée par deux faux policiers : « Il était 23 heures, j'étais dans mon lit. On a sonné, c'était la police ! J'ai ouvert et ils sont entrés. Ils avaient l'air très sérieux et voulaient seulement vérifier que tout allait bien dans l'immeuble où ils ont prétendu qu'un individu suspect s'était caché. » Après leur départ, Nissa Quevada n'a plus trouvé ses bijoux ni ses économies qu'elle avait laissés sur sa table : tout avait disparu !

LA COLÈRE DES TAXIS PARISIENS

Ce matin, les chauffeurs de taxi ont bloqué les grands axes de la capitale : la circulation était impossible et des voitures manifestaient leur impatience en klaxonnant mais les taxis refusaient de bouger. Ils voulaient faire connaître publiquement leur vive inquiétude et leur juste colère à la suite de l'assassinat de leur collègue Jacques Thaon qui, hier matin, avait été dévalisé et sauvagement poignardé par un passager inconnu que la police n'a toujours pas retrouvé.

RÉVEIL EN FANFARE

Les habitants de la rue de Seine à Paris ont été brusquement réveillés cette nuit par le klaxon d'une Renault 12 qui donnait les premières mesures de la Marseillaise ! Le propriétaire du véhicule s'était rendu à une réunion politique et avait oublié de couper le contact de son moteur : le mécanisme du klaxon s'était alors déclenché automatiquement.

Hold-up à Nancy

« _____ 15 heures 30,

la BNL de la rue Marotel à Nancy _____

quand _____

immédiatement _____

mais _____.

Selon les témoins, _____

_____. La police continue son enquête. »

Sac à main volé en pleine rue

_____

_____

_____

_____

_____

8 Les aventures extraordinaires de la Marquise de Beauregard

---

a

Il **était** dix heures du matin, il **faisait** très froid, un homme **est sorti** du 9 rue Gracieuse.

Le vent **soufflait**, **alors** il **a traversé** la rue **et** il **est entré** au café.

---

b

J' **étais en train de** chercher le nom des locataires **quand** une femme **est venue** prendre son courrier. Elle m' **a demandé** **ce que** je **faisais** là.

Je **lisais** mon journal **quand** je les **ai vus** descendre.

---

c

Quand il m' **a vu**, il m' **a fait** entrer dans son bureau.

Dès que j' **ai lu** le message, j' **ai compris** toute l'histoire.

---

d

J'**ai éclaté** de rire parce que j' **avais compris** le sens du message !

Il **m'a dit** qu'il **avait perdu** son plan de Paris.

DOSSIER 7

Revue de presse: vie sportive, culturelle et sociale et faits divers

La victoire sera-t-elle remportée par Alain Prost et sa McLaren ou par Nelson Piquet dans sa célèbre Brabham ?

ELLE EST INTERROGÉE PAR LA POLICE

IL A ÉTÉ BLESSÉ

TU SERAS ÉLU

ÇA SE DIT

Dans les Vosges, les forêts sont gravement menacées par la pollution

VIE CULTURELLE

Inauguration du théâtre de La Villette par le Président

Le prix Goncourt a été attribué à Marguerite Duras pour son roman « l'Amant »

LES ACTUALITÉS SPORTIVES DE «L'ÉQUIPE»

EXCLUSIF : MARCUS RIO A ÉTÉ INTERVIEWÉ PAR «L'ÉQUIPE»

L'Équipe : Marcus Rio, vous avez gagné successivement cette année le Grand Prix de Montréal et le Grand Prix de Détroit. Pensez-vous remporter également le Championnat du Monde à Rio en 1985 ?

M.R. : Écoutez, le Championnat du Monde a été gagné par Alain Prost deux fois de suite, j'espère bien pouvoir faire la même chose moi aussi !

L'Équipe : Il y a quelques jours, à Détroit, votre Brabham a heurté la McLaren de Prost n'est-ce pas ?

M.R. : Oui, c'est vrai, sa McLaren a été heurtée par ma roue arrière au moment où je la doublais.

L'Équipe : Mais vous n'avez jamais blessé personne dans une course automobile, n'est-ce pas ?

M.R. : Non, heureusement ! mais rappelez-vous qu'en 1983 j'ai été gravement blessé à Montréal.

L'Équipe : Par qui ?

M.R. : Par personne ! C'est le moteur de mon véhicule qui a explosé en pleine course.

L'Équipe : Marcus Rio, vous êtes très apprécié par les amateurs de course automobile. Ils vous aiment pour votre courage et pour votre goût du risque.

M.R. : Oh ! je suis apprécié parce que je gagne souvent, mais rappelez-vous quand j'ai perdu le Grand Prix de Détroit en 1983, j'ai été sifflé par les spectateurs !

L'Équipe : Mais non ! Les Américains vous ont sifflé parce que vous aviez été battu par un Européen ! par Prost, je crois...

M.R. : Oui, Prost m'a battu ce jour-là mais je ne regrette rien parce que Prost est considéré par les Américains comme un adversaire de qualité !

L'Équipe : Vous savez que sa Formule 1 sera rachetée par les Italiens ?

M.R. : Ce n'est pas parce que les Italiens rachèteront sa Formule 1 qu'ils gagneront le Championnat du Monde l'an prochain !

L'Équipe : C'est évident ! On sait bien que le championnat sera remporté par le meilleur pilote ! Une dernière question, Marcus Rio. Qui a construit votre fameuse Brabham ?

M.R. : Elle a été construite par mon ami, l'ingénieur Beto Alvisi.

 Les brèves de « l'Équipe »

1. **Le grand prix** de Détroit _____ **par** Nelson Piquet. — remporter

2. A Détroit, **deux pilotes** _____ **par** l'explosion de leurs moteurs. — brûler

3. **La McLaren** d'Alain Prost _____ la Brabham de Nelson Piquet. — heurter

4. Selon Prost, **le circuit** de Détroit n'_____ pas _____ à la Formule 1. — adapter

5. Prost aurait déclaré après la course : « **Je** _____ jamais _____ **par** les grands sponsors. » — aider

6. **La dernière étape** du rallye de Monte Carlo _____ _____ Michèle Mouton. Au cours de cette étape, **la supériorité** indéniable de la plus jeune pilote française _____ enfin _____ . — gagner / reconnaître

7. **La 3e étape** du Tour de France _____ l'équipe Renault. — gagner

Le jeune cycliste Laurent Fignon _____ | considérer
les sponsors du Tour comme le vainqueur de cette année.

8. Ces jours-ci, **les équipes sportives** _____ aux | attendre
jeux olympiques de Los Angeles. On sait que l'**URSS** ne
_____ aux jeux de cette année | représenter
mais on espère que **les compétitions** _____ | disputer
avec acharnement. **Les jeux** doivent _____ officiellement ,
_____ le maire de Los Angeles, la semaine prochaine. | ouvrir

 Quelques déclarations
faites par des Parisiens au commissariat du XVe arrondissement

1. « J'étais à la chasse et j'ai blessé un jeune homme dans le dos en tirant maladroitement. »

2. « On a cambriolé mon appartement pendant que j'étais en vacances. »

3. « Hier soir, vers 23 heures, je rentrais chez moi et trois jeunes gens m'ont attaquée pour me prendre mon sac à main. »

4. « Une Renault 5 a heurté ma moto au moment où je rentrais sur l'autoroute du sud. »

5. « Hier soir, des vandales ont massacré 22 flamants roses dans ma propriété de Fontainebleau. »

6. « Pendant que je déjeunais à la brasserie, on a dévalisé ma pharmacie. »

7. « J'étais dans le métro, un homme a volé mon sac à main. »

8. « J'ai trouvé 3 tableaux de Picasso dans mon garage. Les voleurs les avaient cachés dans une voiture de location. »

« Ici Paris » : faits divers

---

1. Un jeune homme **a été blessé dans le dos par** un chasseur maladroit.

2. Un appartement du XVe arrondissement _____ pendant que le propriétaire était en vacances.

3. Hier soir, vers 23 heures, une jeune femme _____ des jeunes gens alors qu'elle rentrait chez elle.

4. Au moment où il rentrait sur l'autoroute du sud, un motocycliste _____ _____ .

5. Hier soir, dans une propriété de Fontainebleau, 22 flamants roses _____ _____ .

6. Une pharmacie _____ pendant l'heure du déjeuner.

7. Dans le métro, le sac d'une femme _____ _____ un malfaiteur.

8. 3 tableaux de Picasso _____ _____ un garagiste.

Ils _____ les voleurs dans une voiture de location.

PLUSIEURS POLICIERS BLESSÉS
par des manifestants

1. Hier après-midi, place de la Bastille, à la fin de la manifestation anti-nucléaire, plusieurs policiers

_____ .

TEMPÊTE
DANS LES VOSGES
Arbres et toits arrachés
mais aucune victime

2. _____

_____

_____

_____

À Lorient
TROIS NOUVEAUX-NÉS PRIS EN OTAGE
PAR UN DÉSÉQUILIBRÉ

3. _____

_____

4. _____

_____

_____

_____

_____

BLESSÉ DANS
LE DOS PAR
UN CHASSEUR
MALADROIT

REPÊCHÉE AU LARGE
DES CÔTES ADRIATIQUES
PAR DES MARINS
ITALIENS

5. _____

_____

_____

ABATTU PAR LE GARDIEN D'UN IMMEUBLE

6. _____

_____

Trouvé mort en forêt de Fontainebleau

7. _____

_____

DÉTRUITES PAR LA POLLUTION

8. _____

_____

9. _____

_____

10. _____

_____

4 « La Voix du travailleur » :
Informations sur vos droits sociaux

1. **Remboursement à 75 %** : Vos frais médicaux _____ à 75 % par la Sécurité sociale si vous avez été déclaré par votre employeur.

2. **Versements directs des remboursements** : Les remboursements de la Sécurité sociale _____ directement à votre compte en banque ou à votre CCP.

3. **Prise en charge des frais d'hospitalisation** : Les frais d'hospitalisation _____ le service d'aide sociale.

4. **Prolongation du congé maternité** : Votre congé maternité peut _____ de deux semaines.

5. **Déclarations obligatoires** : Votre nouvelle adresse doit _____ dans les 48 heures à votre caisse de sécurité sociale.

6. **Obligations des employeurs** : Votre employeur _____ de vous donner une feuille de paye et un contrat de travail.

RENSEIGNEMENTS : VERSEMENTS

LA SÉCURITÉ SOCIALE ‑‑‑‑‑‑‑‑‑ DIRECTEMENT LES REMBOURSEMENTS À VOTRE COMPTE BANCAIRE

RENSEIGNEMENTS : PRISE EN CHARGE

LE SERVICE D'AIDE SOCIALE ‑‑‑‑‑‑‑‑‑ EN CHARGE LES FRAIS DE VOTRE SÉJOUR EN HÔPITAL

RENSEIGNEMENTS : PROLONGATION DES CONGÉS MATERNITÉ

VOUS ‑‑‑‑‑‑‑‑‑ VOTRE CONGÉ MATERNITÉ DE QUELQUES SEMAINES

RENSEIGNEMENTS : DÉCLARATION DE CHANGEMENT D'ADRESSE

VOUS ‑‑‑‑‑‑‑‑‑ VOTRE NOUVELLE ADRESSE À LA CAISSE DE SÉCURITÉ SOCIALE

RENSEIGNEMENTS : DÉCLARATION À LA SÉCURITÉ SOCIALE

SI VOTRE EMPLOYEUR VOUS ‑‑‑‑‑‑‑‑‑, LA SÉCURITÉ SOCIALE ‑‑‑‑‑‑‑‑‑ VOS FRAIS MÉDICAUX À 75%

RENSEIGNEMENTS : DÉCLARATION D'ARRÊT DE TRAVAIL

VOUS ‑‑‑‑‑‑‑‑‑ DANS LES 48 HEURES TOUT ARRÊT DE TRAVAIL

RENSEIGNEMENTS : OBLIGATIONS DES EMPLOYEURS

LA LOI ‑‑‑‑‑‑‑‑‑ VOTRE EMPLOYEUR À VOUS DONNER UNE FEUILLE DE PAYE ET UN CONTRAT DE TRAVAIL

RENSEIGNEMENTS :

6 **Les grands titres du « Monde » :**
Politique nationale et internationale

1. A la fin du mois, **signature** de plusieurs accords entre les pays du marché commun, à Fontainebleau.

   « Plusieurs accords entre les pays du marché commun _____

   _____ . »

2. Dimanche dernier, **réélection** du sénateur François Guyon.

   « Le sénateur François Guyon _____

   _____ . »

3. Dès le mois prochain, **réorganisation** de tous les services de police.

   « Tous les services de police _____

   _____ . »

4. Hier, à l'assemblée nationale, **examen** de plusieurs textes de lois sur la presse.

   « Plusieurs textes de lois _____

   _____ . »

5. L'an prochain, **réduction** de tous les crédits attribués aux administrations.

   _____

   _____

6. Depuis le début de l'année, **500 créations** d'emplois dans les hôpitaux parisiens.

   _____

   _____

7. Aujourd'hui, visite en France du président italien : **réception** à l'Élysée.

   _____

   _____

8. Cet après-midi, **vote** de la loi sur la réforme de l'éducation.

   _____

   _____

   _____

Les nouvelles culturelles en bref

■ Une nouvelle salle de cinéma de 90 places sera ouverte ce mois-ci dans le centre de La Villette. Cette salle, qui sera fréquentée par les comédiens de la ville et les troupes en visite, a pris le nom de l'une des plus grandes artistes du cinéma français : Arletty.

■ 500 places gratuites pour le concert Dylan, Santana, Baez seront distribuées aux jeunes de 20 ans par la mairie du Parc de Sceaux.

■ Le prix Fémina a été attribué à la romancière Florence Delay.

■ Le prix Goncourt a été décerné au romancier Frédéric Tristan.

■ Dimanche soir, les Comédiens français seront reçus par le maire de Paris.

■ En raison d'une grève des employés, les théâtres et opéras parisiens seront fermés mercredi prochain. Les employés ont demandé à être reçus par le ministre de la Culture.

1. Une nouvelle bibliothèque _____

_____

2. Plus de 100 spectacles comiques _____

_____

3. Des entrées gratuites _____

_____

4. _____

_____

5. _____

_____

8 **Le jeu des lecteurs : QUID ?**

1. La première ampoule électrique **a été inventée par** Edison.
2. La Tour Eiffel _____ entre 1887 et 1889.
3. Les premiers hiéroglyphes _____
4. Le vaccin contre la rage _____
5. La Joconde _____
6. Alice au pays des merveilles _____
7. La formule E = MC2 _____
8. _____
9. _____
10. _____
11. _____
12. _____

ÇA SE DIT COMME ÇA

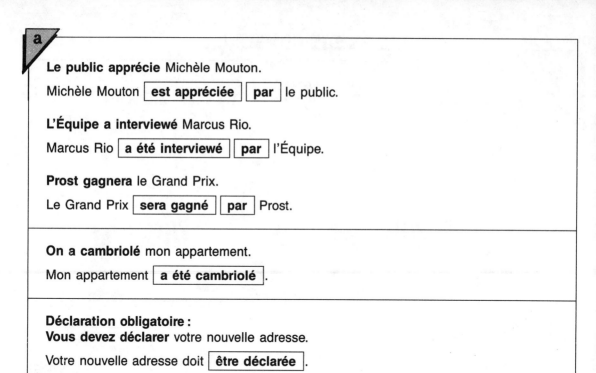

a

Le public apprécie Michèle Mouton.

Michèle Mouton **est appréciée** **par** le public.

L'Équipe a interviewé Marcus Rio.

Marcus Rio **a été interviewé** **par** l'Équipe.

Prost gagnera le Grand Prix.

Le Grand Prix **sera gagné** **par** Prost.

On a cambriolé mon appartement.

Mon appartement **a été cambriolé** .

Déclaration obligatoire :
Vous devez déclarer votre nouvelle adresse.

Votre nouvelle adresse doit **être déclarée** .

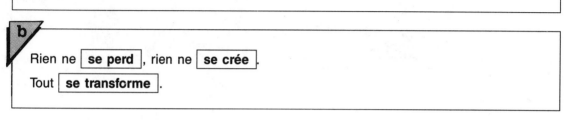

b

Rien ne **se perd** , rien ne **se crée** .
Tout **se transforme** .

DOSSIER 8

Courrier des lecteurs

J'ai 55 ans. Je suis menue (1,54 m, 43 kg). Depuis quelques années je suis prise de fringales qui perturbent mon attention dans le travail.

Rendez-moi Nadine, ma petite fille

Marie-Anne est une grand-mère malheureuse. Depuis un an, elle n'a pas vu sa petite-fille Nadine. Sa fille et son gendre l'accusent, en effet, de trop la gâter.

**JUSQU'AU 30 MARS 1988
ABONNEMENT GRATUIT**

Je fréquente depuis huit mois un garçon qui veut m'épouser. Actuellement au chômage, il se dispute souvent avec sa famille.
J'hésite à prendre une décision.

Femme Actuelle

N°22

en vente dès lundi prochain

Voilà mon cas. J'ai 24 ans, je suis d'origine arabe et je suis au chômage depuis plus de 3 ans. J'ai cherché partout, frappé à toutes les portes, supplié, pleuré, pour trouver un emploi. Malheureusement, les réponses étaient toujours les mêmes : « Nous n'embauchons pas. » « Nous vous écrirons, repassez plus tard. »

EN

DEPUIS

JUSQU'À

À PARTIR DE

IL Y A

DANS

PENDANT

DÈS

J'ai l'air d'une grand-mère

Je n'ai que 27 ans et pourtant j'ai déjà les cheveux tout gris. C'est arrivé brusquement, en quelques mois.
Alors, dans six mois, je serai peut-être toute blanche, comme ma grand-mère. J'ai même tout à fait l'impression d'être plus vieille que ma mère, qui a pratiquement gardé la même couleur que quand elle était jeune. Je ne sais pas si vous pouvez me conseiller. Mais j'aimerais bien savoir ce que vous en pensez, si d'autres sont dans mon cas.

A

LE COURRIER DES JEUNES LECTEURS

■ Depuis deux ans, j'habite à Paris : je trouve la vie formidable ici ; pour rien au monde je ne retournerais en province !

■ Il y a deux ans que j'habite à Paris et je ne connais personne. J'aimerais rencontrer des gens de mon âge (20 ans) mais je suis très timide.

■ Ça fait deux ans que je cherche un appartement à Paris mais tout est trop cher pour moi : je voudrais proposer à un lecteur de partager son appartement avec moi.

■ Voilà deux ans que je lis le Smurf ! Grâce à votre journal, je trouve la vie à Paris très supportable.

1

1. _____ quelques mois, j'écoute tous les jours Radio 20 ans : la musique est excellente !

2. _____ quelques mois **que** je regarde l'émission Rock de TF1, c'est la meilleure de vos émissions : continuez !

3. Ça fait _____ je conduis à Paris ; j'aime beaucoup rouler la nuit en écoutant Radio 20 ans.

4. _____ je partage mon appartement avec un lecteur de « Smurf » : nous avons décidé de former un club de lecteurs. Vous pouvez nous téléphoner tous les soirs. Venez nombreux !

5. _____ je prends des cours d'anglais ; j'aimerais rencontrer des lecteurs parlant cette langue pour la pratiquer.

6. _____ je collectionne les timbres ; j'aimerais trouver des timbres chinois par le courrier des lecteurs.

B

LE COURRIER DES LECTEURS

« C'est vous qui le dites ! »

■ Depuis l'âge de 16 ans, je lis votre journal que je trouve très sérieux mais de temps en temps, vous pourriez y mettre une note d'humour. J'ai maintenant 19 ans et ça fait longtemps que vous ne me faites plus rire.

■ Depuis 1969, je suis abonnée au « Chasseur Français » ; je collectionne les petites annonces matrimoniales et je peux vous assurer que les générations se suivent mais ne changent pas ! Voilà 20 ans que je le constate.

■ Depuis quelque temps, la publicité prend trop de place dans votre magazine, et c'est bien dommage.

■ Depuis mon premier abonnement à Marie-Claire, j'ai envie de devenir journaliste. Pouvez-vous me dire comment il faut faire pour travailler dans un journal ou dans un magazine ?

2

1. _____ je cherche un studio à Paris, je n'en trouve aucun : tout est trop cher ! Peut-être qu'un lecteur du « Chasseur » pourrait m'aider ?

2. Je m'intéresse aux mots croisés _____. Je trouve ceux de votre journal particulièrement stimulants, bravo !

3. Depuis _____ à Télérama, je n'ai plus besoin de regarder la télé : la lecture des programmes de télévision me suffit !

4. Vous dites, depuis _____, que la pollution augmente, mais vous ne proposez aucune solution pour lutter contre ce mal du XXᵉ siècle.

5. _____, j'ai l'impression que votre magazine s'occupe trop de politique et cela ne m'intéresse pas.

6. _____ je lis votre journal avec un énorme plaisir !

C MARIE-BLANCHE

Libre expression des lectrices

■ Il y a deux mois, j'ai lu dans votre magazine (N° 183) un article sur les maladies des chats. Je suppose que vous connaissez bien ces adorables animaux et je vous demande donc un conseil : Que dois-je faire pour mon petit chat de 6 mois ? Il y a 10 jours, il a mangé du poisson en conserve et depuis ce repas, il perd ses poils. Il y a quelques heures, j'ai fait venir le vétérinaire mais il n'a rien trouvé d'anormal. J'aimerais quand même savoir pourquoi mon chat perd tous ses poils depuis 10 jours !

■ Il y a 10 ans, j'ai découvert le bonheur grâce à vos petites annonces matrimoniales. Depuis dix ans, j'ai un mari et maintenant nous avons cinq enfants.

■ Je vous ai écrit il y a plusieurs semaines (octobre !) mais vous n'avez pas publié ma lettre au courrier des lectrices. Cette fois-ci, je vous signale que je possède les premiers numéros de votre revue qui est sortie en 1900, il y a presque un siècle ! J'ai d'ailleurs appris à lire dans votre admirable magazine il y a exactement 92 ans !

3

1. Mes parents m'**ont abonnée** à Marie-Claire _____ 3 ans ; c'est un magazine très pratique que j'aime beaucoup mais _____ quelques semaines, je **trouve** que vous consacrez de moins en moins de pages à la mode, pourtant j'adore ça !

2. _____ un mois, j'**ai rencontré** Jacques dans un club de jeunes. Je l'ai trouvé très attirant. Ensuite, nous sommes sortis ensemble presque tous les jours. Cependant, _____ huit jours, nous **sommes allés** pour la première fois chez ses parents et _____ cette visite, Jacques ne me **téléphone** plus. Je suis très malheureuse et je me demande ce que je peux faire pour le revoir.

3. _____ quelque temps, je **suis allée** en vacances en Bourgogne. Quels repas ! Quels vins ! mais _____ mon retour, j'**ai** des taches rouges sur le visage. Que faire ?

4. _____ 2 semaines, j'**ai essayé** votre recette « tomates farcies » (Marie-Claire n° 1224). Je vous remercie car mes invités ont beaucoup apprécié ce plat simple à préparer.

5. **Je me suis mariée** _____ 36 ans ; j'ai élevé cinq enfants. Ils sont adultes maintenant et habitent très loin. _____ leur départ, je ne sais plus à quoi sert ma vie. Conseillez-moi.

QUOTIDIENNEMENT VÔTRE

■ J'adore votre revue Historic. Sans perdre une seconde, tous les mercredis, je cours l'acheter dès 8 heures. Depuis mon abonnement à Historic, je connais de mieux en mieux l'histoire de l'Europe !

■ Dès mon installation à Paris, en juin 1985, j'ai demandé immédiatement le téléphone. Dès la semaine suivante, je l'ai eu. Depuis 1985, mon appareil marche parfaitement bien. Je ne comprends donc pas pourquoi, depuis quelque temps, tant de Français se plaignent des télécommunications en France !

■ Vous écrivez dans votre article sur la pollution (votre numéro d'octobre 1987) que dès l'an 2000, toutes les rivières d'Europe seront complètement polluées. Moi, je me demande si elles ne sont pas déjà polluées depuis longtemps.

■ Dans votre article « Bébé-éprouvette », vous dites que dès l'année prochaine, il sera possible d'avoir des enfants-éprouvettes ! Moi, je peux vous affirmer que la plupart des gens continueront à préférer les bonnes vieilles traditions que l'on connaît depuis toujours.

4

1. J'ai fait mettre le téléphone dans mon studio _____ mon installation, le 1er janvier 1984. _____ cette date, l'appareil fonctionne très bien, mais _____ vendredi dernier, le téléphone sonne chez moi toutes les heures comme une horloge ! Que pensez-vous de ce phénomène ?

2. _____ 8 heures 30 le jeudi matin, j'achète « l'Événement du Jeudi » que je lis en entier ! _____ la sortie de votre hebdomadaire, en 1984, je ne lis plus d'autres journaux !

3. _____ mon déménagement en Lorraine, ma mère me téléphone tous les jours _____ 7 heures du matin et elle me réveille beaucoup trop tôt : je ne sais pas comment le lui dire...

4. Tous les jours, je téléphone à mon fils qui habite Nancy. Ça me fait plaisir d'entendre sa voix _____ 7 heures du matin ! Mais _____ jeudi dernier, c'est un répondeur automatique qui me fait savoir que « Monsieur » est absent mais qu'il sera de retour _____ 10 heures ! Je n'ose pas lui demander ce qu'il fait dehors si tôt le matin...

5. _____ notre première rencontre, nous nous sommes adorés. Malheureusement, un jour, j'ai appris que je n'étais pas la seule femme dans sa vie. _____ cette découverte, je ne peux pas me consoler : aidez-moi.

6. _____ l'école primaire, nous nous aimons, mais nos parents ne veulent pas nous voir ensemble. _____ notre majorité, nous nous marierons avec ou sans l'autorisation de nos familles. Pensez-vous que ce soit bien de se marier _____ l'âge de 18 ans ?

LE COIN DES CANDIDES

■ Depuis 10 ans, je lis très fidèlement votre critique des films et j'en suis satisfaite ; celle sur le film anglais « As Soon As » est si bonne que dès demain j'irai le voir, sans plus attendre !

■ J'irais bien voir le film anglais « As Soon As » mais les salles de cinéma ouvrent seulement à partir de 15 heures et comme je travaille de 14 heures à 23 heures, je ne peux pas aller au cinéma, mais dès mon premier jour de vacances, j'irai immédiatement voir ce film.

■ Depuis des années, je ne vais plus au cinéma. Mais dès la sortie d'un film, je l'achète aussitôt en vidéo-cassette et je le regarde tranquillement chez moi !

■ Je ne comprends pas bien : Faut-il vraiment acheter sa vignette-auto[1] dès le 1er novembre ? Je croyais qu'on avait un mois pour l'acheter, c'est-à-dire à partir du 1er novembre jusqu'au 1er décembre.

■ Pour ne pas faire la queue, j'achète ma vignette-auto dès les premiers jours de décembre car je sais qu'à partir du 15 décembre jusqu'à la fin du mois, on attend des heures pour être servi !

5 1. _____ du moment où tous les Français ont eu des machines à laver le linge et la vaisselle, les ménagères ont passé beaucoup moins de temps aux travaux du ménage. Moi, par exemple, _____ 11 heures du matin, j'ai fini mon travail à la maison, c'est pourquoi je vous écris si souvent !

2. Les programmes de télévision commencent _____ 12 heures seulement. C'est bien tard ! Moi, je trouve qu'on devrait pouvoir regarder la télévision _____ 11 heures du matin car, _____ cette heure-là et _____ dîner, je n'ai rien à faire !

3. _____ 1980, j'ai suivi des cours de danse, malgré mon âge avancé (45 ans !). _____ cette date, je pratique la danse tous les matins ! _____ six heures, je mets une valse ou un tango et hop ! je suis en forme pour la journée !

4. Je croyais qu'il était interdit de faire du bruit dans les immeubles parisiens _____ 22 heures et _____ 7 heures du matin mais ma voisine semble ignorer cette règle car, _____ six heures, tous les matins, elle commence à danser des valses et des tangos.

5. _____ maintenant, je n'écrirai plus à votre journal car, _____ longtemps, je trouve vos conseils inutiles et même dangereux : je ne suis pas candide, moi !

6. _____ 3 janvier et _____ printemps, je ferai une réduction de 30 % aux lecteurs de « Candides » ! N'attendez pas le printemps pour acheter vos parfums ! Venez _____ le 3 janvier à 9 heures me voir 12 rue St Sulpice ! _____ 10 ans, mon magasin parfume tous les lecteurs de « Candides »

1. Taxe annuelle pour les automobiles.

LE COURRIER DES PARENTS

■ Pendant ses deux premières années d'école, mon petit garçon, 8 ans, a très bien travaillé mais depuis le mois de septembre cette année, il ne fait plus rien ; il dort ou rêve pendant les cours et il ne joue plus pendant les récréations. Que puis-je faire ?

■ A la suite d'un accident de ski, ma fille a dû rester allongée pendant six semaines. Depuis sa guérison, elle ne veut plus retourner à l'école. Comment expliquer son comportement ?

■ Mon bébé se réveille toutes les nuits et pleure pendant des heures. Depuis sa naissance, il dort pendant la journée et pleure pendant toute la nuit : est-ce normal ? Pendant combien de temps fera-t-il le contraire de tout le monde ?

6

1. _____ deux ans, nous avons vécu en Allemagne où ma fille, 10 ans, a appris très rapidement l'allemand. _____ notre retour en France, elle refuse de parler le français, même à l'école. Que puis-je faire pour l'aider ?

2. _____ toute leur enfance, mon fils et ma fille se sont adorés et ils ne voulaient jamais se quitter mais, _____ quelques mois, ils ne se parlent même plus. Pourquoi ce brusque changement ?

3. _____ quelques semaines, ma petite fille, 8 ans, refuse de se lever à 7 heures pour aller à l'école mais _____ les vacances, elle est toujours la première levée à la maison !

4. _____ les repas, Jean, 10 ans, ne mange presque rien. _____ une semaine, je remarque qu'il ne mange même pas son dessert. Que dois-je faire ?

5. _____ 1984, mes enfants vivent avec leur mère. Moi, je ne les vois que _____ les vacances scolaires. Ils semblent se méfier de moi et j'ai l'impression qu'ils ne m'aiment plus _____ le divorce. Que faire pour retrouver leur confiance ?

LES LECTEURS NOUS ÉCRIVENT

■ Dans votre article « L'enfant et la lecture » vous dites : « Un enfant de dix ans qui lit régulièrement pendant 20 minutes par jour peut savoir lire au bout de 3 mois ». Cela veut dire qu'un enfant apprend à lire en 3 mois ! Personnellement, je connais des enfants qui ont appris à lire en 1 mois, mais il est vrai qu'ils ont lu pendant au moins 2 heures par jour ! Mon fils, lui, a mis 5 ans pour apprendre à lire, mais maintenant, il lit tout le journal en 20 minutes et il n'a que 12 ans !

■ Tous les soirs, mes enfants font leurs devoirs en 10 minutes, ils dînent en une demi-heure, ils prennent leur bain en quelques secondes et ensuite, ils regardent la télévision pendant des heures !

■ Mon fils, 8 ans, a grandi de 20 centimètres en six mois, est-ce normal ? Il est vrai que pendant ces six mois, il a beaucoup mangé : il mange autant que son père !

7

1. Vous écrivez dans votre n° 168 : « S'arrêter de fumer est une question de volonté. » J'ai essayé _____ des années d'avoir cette volonté : sans succès ! Mais j'ai appris, grâce à votre article, qu'on peut s'arrêter de fumer _____ quelques jours seulement et je souhaite que beaucoup de fumeurs vous écoutent !

2. Bravo pour votre documentaire « La marche à pied, c'est la santé ». _____ 10 ans, j'ai pris ma voiture tous les jours pour aller au travail. _____ cette période, j'étais toujours énervé et de mauvaise humeur à cause des embouteillages. Un jour, _____ quelques minutes, j'ai pris la décision de vendre ma voiture. Maintenant, je fais matin et soir mes 3 km _____ une demi-heure et je suis devenu beaucoup plus calme !

3. Je vous signale une « coquille » dans votre article « L'Égypte des Pharaons » ; vous écrivez : « Les Pyramides ont été construites de mains d'hommes _____ deux ans ! » C'est évidemment « deux siècles » qu'il faut lire !

4. John Glenn a fait le premier voyage Terre-Lune _____ 3 jours et il est resté sur la Lune _____ quelques heures seulement. Actuellement, ce voyage interplanétaire peut se faire _____ quelques heures seulement mais plus personne ne va sur la Lune : pourquoi ?

5. A propos de l'émission du Dr Cosmoze, « l'Au-Delà », j'aimerais apporter un témoignage personnel : J'étais seule avec mes enfants dans notre maison de campagne. Mon mari travaillait à Paris et il ne venait nous rejoindre que _____ les week-ends. Ce mardi-là, je l'ai vu soudain assis dans le salon. Au moment où je lui ai parlé, il a disparu _____ 1 seconde et je ne l'ai plus revu. J'ai cru que j'avais rêvé mais un coup de téléphone de l'hôpital m'a prévenue peu après que mon mari avait eu un accident mortel _____ son travail.

LA BOÎTE À LETTRES DE NOS LECTEURS

■ Dans six mois, je partirai m'installer au Japon. Je ne connais pas du tout la langue japonaise et je me demande si on peut apprendre une langue étrangère en six mois.

■ Dans quelques semaines, je dois partir avec mes enfants au Vénézuela. Pouvez-vous me dire si le climat tropical sera dangereux pour leur santé et savez-vous en combien de temps les enfants peuvent s'adapter à ce climat ?

■ Dans dix jours, ma fille aura dix-huit ans. Pourra-t-elle voter aux prochaines élections européennes qui auront lieu dans un mois ? En combien de temps peut-on obtenir une carte d'électeur ?

8

1. Mon fils doit faire son service militaire _____ un mois mais _____ trois mois, il sera père de famille alors je me demande s'il ne peut pas être exempté.

2. Ma fille, 16 ans, doit passer le baccalauréat _____ six semaines. Elle est très faible en mathématiques ; j'aimerais savoir s'il y a des cours intensifs pour préparer cet examen _____ trois semaines ?

3. _____ quelque temps, je serai en retraite. J'ai peur de l'inactivité et j'aimerais donc recommencer mes études. Pouvez-vous me dire s'il est possible de rentrer à l'université à soixante ans et si une licence de sociologie se prépare _____ 3 ans ou _____ 4 ans ?

4. Je crois que _____ quelques années les élèves feront tous des études d'informatique mais liront-ils encore les poètes et les philosophes ? La technique moderne ne va-t-elle pas tuer l'imagination de nos enfants ?

5. J'ai entendu dire que certaines personnes pouvaient lire 400 pages de roman _____ 3 heures. J'aimerais bien savoir comment elles font ! Moi, je peux à peine lire 40 pages _____ 2 heures !

9 **Canevas de correspondance**

1980 : 1er abonnement à Paris-Sport.

Magazine très bien documenté

3 ans de lecture régulière

Janvier 1985 : beaucoup trop de publicités

Je suis déçue

« Il y a _____ à Paris-sport. Je trouvais votre magazine très bien documenté. Je l'ai donc lu très régulièrement _____. Mais, _____ j'ai le sentiment que vous mettez beaucoup trop de publicités, ce qui me déçoit beaucoup ! »

1983 : 1ère rencontre avec Claude

Très amoureux six mois

1er septembre 1984, départ de Claude en Suède

Je suis triste

Conseils S.V.P.

« _____
_____
_____
_____
_____
_____
_____ . »

Vacances 1985 :
études intensives de français.

Juillet - août :
beaucoup de progrès.

Je peux lire facilement Marie - Claire.

Je voudrais correspondre avec une lectrice française.

« _____
_____
_____
_____
_____
_____
_____ . »

Mercredi matin, 8 heures 30 : achat Canard Enchaîné

10 ans de lecture de votre journal satirique

Très satisfait

Félicitations

« _____
_____
_____
_____
_____
_____
_____ . »

a

| Depuis | deux ans, j'**habite** à Paris. |

Il y a deux ans que j'**habite** à Paris.

Ça fait " que "

Voilà " que "

b

Depuis mon premier abonnement.

Depuis 1985.

Depuis l'année dernière.

Depuis deux ans.

c

Il y a deux ans, je **suis venu** à Paris pour la première fois.

Depuis deux ans, je **viens** à Paris tous les mois.

d

Dès notre première rencontre, nous **nous sommes adorés**.

Depuis notre première rencontre, je **suis** très heureux.

e

Dès 6 heures du matin, ma voisine danse la valse : c'est beaucoup trop tôt !

A partir de 22 heures, il est interdit de faire du bruit dans les immeubles.

f

Pendant 3 ans, nous **avons vécu** en Allemagne.

Depuis notre retour en France, ma fille ne **veut** plus parler le français !

g

J'ai appris à lire l'hébreu en 3 mois.

Pendant 3 mois j'ai étudié l'hébreu 5 heures par jour.

h

Dans six mois je **partirai** au Japon.

J'espère apprendre le japonais en six mois.

LE COURRIER DU « NOUVEAU PARISIEN »

■ Depuis mon arrivée à Paris, j'ai appris à conduire, j'ai rencontré beaucoup de jeunes, j'ai trouvé un studio, j'ai visité tous les musées, je suis allé très souvent au cinéma et au théâtre, j'ai compris que si la vie était un peu difficile à Paris, elle était aussi très riche. Il y a maintenant deux ans que je suis arrivé à Paris et je vous assure qu'on y vit très bien !

■ Il y a deux mois que je me suis installé à Paris, je ne connais personne et je trouve la vie très difficile.

■ Ça fait trois mois que j'ai trouvé un travail à Paris mais je n'ai pas trouvé de logement et j'habite à l'hôtel. C'est affreux la vie ici.

■ Depuis 2 ans, j'ai fini mes études mais je n'ai pas trouvé de travail : je suis au chômage depuis 2 ans et je m'ennuie.

10

1. Ça fait deux mois que _____ le plaisir de la danse au club-rock de la rue Mabillon. C'est formidable ! _____ je ne m'ennuie plus le dimanche ! | découvrir

2. _____ deux semaines, mon petit ami _____ _____. Je suis très seule et très malheureuse. Je voudrais rencontrer d'autres jeunes pour me consoler de ma solitude. | partir

3. _____ mes parents _____. J'ai seulement 15 ans et je ne connais personne. Je ne peux pas me consoler de ce terrible malheur. | mourir

4. _____ ce matin, _____ de retourner en province, je ne peux plus supporter la vie à Paris. | décider

5. Il y a _____ que _____ mon pays pour venir travailler à Paris. Je suis un peu seul. Où pourrais-je rencontrer des jeunes de mon âge ? | quitter

6. _____ mon seul compagnon à Paris. C'était un chat noir très doux. Je voudrais savoir si un lecteur aurait un chaton ou deux à me donner. | perdre

7. _____ à faire du yoga. C'est un sport très agréable. _____ _____ j'en fais 3 fois par semaine ! | commencer

8. Il y a _____ ma voiture. _____ à pied à l'usine et je _____ beaucoup plus heureux ! | vendre
aller
se sentir

9. _____ mon service militaire. _____ la fin de mon service, je _____ un travail mais je _____ toujours au chômage. | finir

chercher - être

73

LETTRES DE LECTEURS

■ Depuis deux mois, je n'ai pas regardé la télévision une seule fois. J'ai choisi le sport ! Depuis deux mois, je fais une 1 heure de sport par jour.

■ Je n'ai pas lu le courrier des lecteurs depuis 1 mois : je trouve les lettres trop tristes mais je lis toujours les petites annonces !

■ Il y a 5 ans que je n'ai pas fait de sport. Depuis 5 ans, je n'ai pas joué au football, par exemple ; pourtant j'adorais ça ! Maintenant je voudrais recommencer mais je ne connais personne à Paris.

■ Ça fait longtemps que je ne suis pas retourné en province : depuis mon installation à Paris, je n'ai pas revu ma famille, j'ai peur de quitter Paris, j'ai peur de perdre mon travail.

■ Il y a trois semaines que je n'ai pas dormi. En effet, depuis trois semaines, je passe mes nuits à lire le Nouveau Parisien : je trouve votre journal très intéressant et très utile ! continuez !

11

1. Depuis _____ je n'_____ de   jouer
guitare : j'aimerais recommencer mais où trouver un professeur de guitare à Paris ?

2. _____   fumer
la moindre cigarette. Grâce à votre article « Comment s'arrêter de fumer », ça fait _____   fumer
_____ plus !

3. A propos de votre article : « La marche à pied, c'est la   faire
santé », moi, je dois vous dire que _____   de la marche à pied
_____ ; et
pourtant _____ je _____   se sentir
en excellente santé.

4. _____   rire
parce que votre article, « Le rire développe les rides » m'a fait très peur ! Je ne veux pas être ridée avant l'âge !

5. _____   se promener
_____ dans les rues la nuit parce qu'on m'a dit que c'était dangereux mais est-ce bien vrai qu'on peut se faire agresser la nuit, à Paris ?

6. _____   vivre
avec mes parents : j'_____ seul à Paris _____   habiter
_____. Mais mes parents veulent venir vivre chez moi et je ne sais pas comment leur faire comprendre qu'ils devraient plutôt rester en province.

74

(12) **Écrivez à Isabelle, notre conseillère psychologue :**

_____

_____

_____

_____

_____

_____

_____

_____

i

| Depuis | mon arrivée à Paris, j'**ai découvert** les boîtes de nuit !

| Depuis | mon arrivée à Paris, je **sors** tous les soirs !

| Ça fait | 3 semaines | que | j'**ai commencé** à jouer de la guitare.

| Ça fait | 3 semaines | que | je **joue** de la guitare tous les jours.

j

| Il y a | 3 jours | que | je **n'ai pas dormi** ; et ça **continue**.

| Ça fait | un an | que | je **n'ai pas travaillé** : je **suis** au chômage.

| Depuis | une semaine, je **n'ai rien mangé** ; je ne **peux** plus rien manger.

DOSSIER 9

Interviews de la semaine: vedettes en tous genres

GREGORY PECK

GISÈLE GALANTE. *Qu'auriez-vous fait dans la vie si vous n'aviez pas été acteur ?* **GREGORY PECK.** Je voulais être médecin. Mais j'étais si nul en maths, qu'au bout de deux ans d'études, j'ai abandonné. Je suis allé à Berkeley, étudier la littérature. Je suis devenu acteur par accident. Le directeur du théâtre local cherchait quelqu'un de grand et mince pour jouer dans une pièce d'Eugène O'Neill. À cette époque-là j'étais très curieux et j'aurais essayé n'importe quoi. Et puis, les actrices étaient si belles...

SANTÉ

L'AVIS D'UN GÉNÉRALISTE

Si vous trouvez, que votre peau a besoin d'un petit coup de pouce vitaminé, que votre énergie manque de C et votre système nerveux de B1... commencez par consommer les aliments qui en sont riches. Pour un résultat plus rapide, vous pouvez trouver, en pharmacie ou en rayons diététiques, des aliments enrichis en certaines vitamines.

SI...

CINÉMA

L'Eté prochain. Film de Nadine Trintignant. Avec Philippe Noiret, Claudia Cardinale, Fanny Ardant, Jean-Louis et Marie Trintignant.

Fanny Ardant dans le rôle d'une amoureuse exigeante, sûre d'elle et de sa beauté, mais aussi inquiète de voir le temps passer si rapidement.

Si vous avez dans vos archives une photo amusante ou insolite, **en noir et blanc**, envoyez-la nous. Vous gagnerez 50 francs si nous la publions (attention : aucun document ne sera retourné).

Service compris : Noah.

INTERVIEW D'UN SÉDENTAIRE ENDURCI

Journaliste : Monsieur Poulbot, on dit que vous ne quittez jamais Paris. Vous y êtes né, vous y avez toujours vécu. Il paraît que même quand vous êtes en vacances, vous restez à Paris. Est-ce bien vrai tout ça ?

Poulbot : N'exagérons rien ! Si l'occasion se présente, je n'hésite pas à aller faire un tour en banlieue ! Mais c'est assez rare parce que j'ai trop besoin de l'air de la capitale ! Pourtant, si des amis m'invitent en banlieue, et si je peux y aller en métro, j'accepte leur invitation avec plaisir !

Journaliste : Donc, chaque fois qu'on vous invite en banlieue, vous acceptez de quitter Paris ?

Poulbot : C'est exact, c'est mon habitude. Mais attention ! si cette banlieue est trop éloignée et s'il n'y a pas de station de métro ou de RER[1], je refuse l'invitation !

Journaliste : Vous ne prenez donc ni le train, ni l'avion, même quand vous devez vous déplacer ?

Poulbot : C'est exact. Si je me déplace, c'est à pied ou en métro : ça me suffit bien !

1. *Journaliste :* Mais comment passez-vous votre mois de vacances alors ?

    Poulbot : C'est très simple, _____ il ne _____ pas trop chaud, je me promène quelques heures sur les grands boulevards. _____ **pleut** ou _____ très mauvais, je _____ au cinéma. Bien sûr, _____ très beau, je _____ une ou deux heures à la piscine ou je _____ me promener au jardin des plantes.

2. *Journaliste :* Et en hiver ? **Vous partez** bien de temps en temps à la montagne, comme tout le monde ?

    Poulbot : Pas du tout ! _____ mon patron me _____ quelques jours de vacances en hiver, je _____ à la bibliothèque municipale ou à la patinoire. Évidemment _____ une exposition intéressante à Beaubourg, j'y _____ aussi !

3. *Journaliste :* Donc, généralement, _____ on _____ chez vous, on _____ sûr de vous trouver **même si** vous _____ des vacances !

    Poulbot : C'est exact !

4. *Journaliste :* Et le soir ? **Vous restez** chez vous ou bien **vous sortez** ?

    Poulbot : _____ très beau, je _____ le soir mais _____ froid, vous _____ sûr de me trouver chez moi !

5. *Journaliste :* _____ froid, vous _____ devant votre cheminée ?

    Poulbot : Non, _____, je _____ la télévision comme tout le monde ! Mais, _____ le programme _____ trop mauvais, je _____ un bon roman. Moi, je ne _____ jamais devant mon téléviseur _____ l'émission n'est pas bonne.

1. R.E.R : Réseau express régional. Métro desservant Paris et la banlieue parisienne.

**Découvrez votre véritable personnalité
en participant à notre jeu**

Comment réagissez-vous ?

1	2	3
1. *Si on vous donne une gifle ?*		
Je la rends.	Je pars sans rien dire.	Je demande une explication.
2. *Si vous trouvez 500 F dans la rue ?*		
Je les ramasse en montrant ma joie.	Je ne les ramasse pas.	Je les rapporte au commissariat.
3. *Si quelqu'un vous réveille à 6 heures du matin ?*		
Je lui dis que ce n'est pas une heure pour réveiller les gens.	Je lui ouvre calmement la porte.	Je lui propose une tasse de café.
4. *Si vos amis oublient un rendez-vous ?*		
Je les traite d'égoïstes, je suis très fâché.	Je les attends deux heures avant de leur téléphoner.	Je leur propose un autre rendez-vous.
5. *Si votre voiture ne démarre pas ?*		
Je crie, je m'énerve, je tape sur la voiture.	Je prends l'autobus.	Je la pousse ou je cherche la panne.
6. Si _____ ?		
_____	_____	_____
_____	_____	_____
_____	_____	_____
7. Si _____ ?		
_____	_____	_____
_____	_____	_____
_____	_____	_____
8. Si _____ ?		
_____	_____	_____
_____	_____	_____
_____	_____	_____

Comptez les points ! Si vous avez 8/8 dans la colonne 3, vous êtes une personne très positive. Si vous avez 8/8 dans la colonne 2, vous êtes plutôt placide, passif mais vous êtes, en tout cas, une personne très agréable. Si vous avez 8/8 dans la colonne 1, aïe, aïe, vous n'êtes pas très facile ! vous manquez un peu de maturité !!

Notre journaliste a écouté les propos du Docteur Tizane

Dans certains cas, un peu de bon sens vaut mieux que tous les médicaments, c'est dû moins ce que prétend le curieux Dr Tizane !

Dr Tizane : « Si vous avez trop mangé et que vous avez l'estomac lourd, surtout ne prenez pas de médicaments mais allez vite faire une heure de marche. »

Dr Tizane : « Si on a trop bu et qu'on a mal à la tête, il suffit de prendre une douche bien froide pour se guérir ! Inutile de prendre des médicaments ! »

Dr Tizane : « Si vos enfants sont restés dans les courants d'air et qu'ils ont attrapé un gros rhume, faites-leur boire du thé très chaud et gardez-les au lit 48 heures ! Les médicaments ne serviront à rien ! »

3.

1. *Dr Tizane :* « _____ on _____ trop de sport et _____ on _____ mal aux muscles, _____ un bain bien chaud ! il est inutile d'aller voir le médecin ! »

2. *Dr Tizane :* « _____ vous n'_____ pas assez _____ la nuit et _____ vous _____ le visage et les jambes gonflés le matin, _____ un bon café et _____ une heure de yoga, cela vaudra mieux qu'un médicament ! »

3. *Dr Tizane :* « Bien sûr, _____ vous _____ de la fièvre, _____ votre médecin tout de suite et _____ ses conseils ! »

4. *Dr Tizane :* « _____ votre médecin vous _____ des médicaments et _____ vous n'_____ pas mieux, **changez** de médecin ! »

5. *Dr Tizane :* _____ vous n'_____ pas _____ mes conseils, **ne venez pas** vous plaindre, je ne peux rien faire pour vous ! »

4. **La protection des consommateurs peut résoudre vos problèmes ! Si vous avez eu des difficultés, écrivez-nous !**

1. Un consommateur insatisfait nous écrit : « Ma voiture neuve a des défauts mécaniques. »
   Si vous _____ une voiture neuve cette année et _____ elle _____ des défauts mécaniques, vous _____.

2. Un jeune locataire nous écrit : « Mon propriétaire veut me mettre à la porte. »
   Si vous _____ un bail et _____ vous _____ régulièrement votre loyer, votre propriétaire _____ avant la fin du bail.

3. Un vieux monsieur nous écrit : « Mon téléviseur tout neuf _____. »
   Si _____

Faites confiance à notre agence pour la protection des consommateurs !

L'interview du Docteur Gibus
ou les résultats d'une mauvaise hygiène

Journaliste : Docteur, que peut-il m'arriver si je mange trop de sucre ?

Dr Gibus : Si vous mangez trop de sucre, vous aurez vite les dents cariées, vous grossirez énormément et vous aurez du diabète !

Journaliste : Et quels sont les effets prévisibles si on boit trop d'alcool ?

Dr Gibus : Si vous buvez trop d'alcool, vous aurez mal au foie, vous aurez une cirrhose, votre nez deviendra tout rouge, vous perdrez la mémoire !

Journaliste : Que peut devenir un enfant qui ne fait pas assez de sport ?

Dr Gibus : S'il ne fait pas du tout d'exercice physique, il ne grandira pas, ses muscles ne se développeront pas, son corps restera fluet !

5 Il tourne en rond celui-là !

1. Marcel Delmas a interviewé un jeune homme qui se demande s'il doit oui ou non faire des économies :

   — Vous vous demandez vraiment pourquoi faire des économies ?

   — Oui, parce que si j'**ai** des économies, j'**achèterai** d'abord une voiture et si _____ une voiture, je _____ tous les week-ends à la campagne, c'est sûr !

2. Et si _____ à la campagne, je _____ de jolies fermes.

3. Et si je **vois** de jolies fermes, j'_____ envie d'en acheter une !

4. Et si j'en _____ une, je ne _____ plus vivre en ville, j'adore trop la campagne !

5. Et si je ne _____ plus en ville, je ne _____ plus aller à mon travail et si je ne _____ plus, je ne _____ plus d'argent !

6. Et si je ne _____ plus d'argent, je _____ vendre ma ferme et ma voiture !

7. Et si je _____ ma ferme et ma voiture, je **devrai** retourner en ville et si je _____ en ville, je _____ sûrement un autre travail.

8. Et si je travaille, j'_____ des économies et si j'_____ des économies... ?

   Vous voyez qu'il vaut mieux que je dépense tout mon salaire sans faire de projets d'avenir !

Le jeu des catastrophes

Attention ! si vous ne reconnaissez pas ces signes, il vous arrivera des malheurs !

Si quelqu'un **ouvre** cette portière quand le train est en marche, il **tombera** sur la voie.

Si les automobilistes _____ _____ au feu rouge, ils _____ _____ _____

Si quelqu'un _____ _____ ,

il _____ _____

Si vous _____ _____ ,

vous _____ _____

Si on _____ _____ _____ _____

_____ _____ _____ _____

D

Revers et les journalistes

Journaliste : Jean Revers, vous êtes célèbre et heureux parce que vous êtes le premier tennisman français. On dit même que vous aimez tellement le tennis que si vous deviez choisir entre le tennis et le mariage, vous choisiriez le tennis. Est-ce bien vrai ?

Jean : Je vais répondre à cette étrange question mais sans plaisir, car si le tennis est ma profession, le mariage représente ma vie privée. Entre ces deux vies, s'il y avait un choix à faire, je le ferais avec ma femme ! Je ne le ferais certainement pas avec un journaliste !

Journaliste : Pourquoi ? Vous n'aimez pas les journalistes ? Si les journalistes cessaient de vous interviewer ou de vous photographier vous seriez sûrement déçu !

Jean : Écoutez, j'ai vécu très longtemps sans le secours des médias ! Si un jour il n'y avait plus de journalistes, ni de reporters à ma porte, je serais très content ! Si vous et vos confrères vous me laissiez tranquille, je pourrais enfin vivre vraiment heureux avec ma femme !

Journaliste : Mais si on ne parlait plus de vous dans les journaux, votre carrière de champion serait-elle aussi brillante ?

Jean : Vous savez, mon cher Delmas, si on arrêtait de parler de moi dans les journaux, je serais toujours aussi connu dans le monde du tennis mais je ne serais certainement plus une sorte de vedette ! et je vivrais très bien !

1. *Journaliste :* Jean, **si** vous **deviez** choisir un autre sport que le tennis, quel sport _____ ?

2. *Jean :* _____ il n'y _____ plus le tennis ? Mon Dieu ! **s'il** n'y _____ plus le tennis, je ne _____ plus de sport ! **si** je ne _____ plus jouer au tennis pour une raison physique, je ne _____ pas un autre sport ! Je pense que **si** je ne _____ plus au tennis, je retournerais définitivement aux Antilles !

3. *Journaliste :* Bon alors, prenons cette hypothèse : **si** vous _____ aux Antilles, qu'est-ce que vous y **feriez** ?

4. *Jean :* Je crois que **si** je _____ plus jouer au tennis, je _____ par exemple, moniteur de tennis aux Antilles. Je _____ là-bas ma propre école de tennis !

5. *Journaliste :* Et **si** par hasard vous _____ moniteur de tennis, quels conseils _____ à vos élèves ?

6. *Jean :* **Si** j'_____ des élèves, d'abord je leur _____ à se déplacer sur le court de tennis et puis je leur _____ pratiquer systématiquement le coup droit, le revers et les services !

7. *Journaliste :* En fait, Jean, **si** vous _____ moniteur de tennis, vous _____ un moniteur très traditionnel ?

8. *Jean :* Je ne sais pas, mais je pense que **si** j'_____ moniteur, je _____ tout pour aider mes élèves à devenir champions !

9. *Journaliste :* Jean, une dernière question, **si** vous _____ formuler un souhait, quel _____ ce souhait ?

10. *Jean :* **Si** j'_____ un désir, ce _____ de continuer à être le meilleur tennisman, le plus longtemps possible ! Mais c'est tout simplement impossible !

**Et voici l'interview
de la célèbre actrice française, Danièle Farnant**

Journaliste : Danièle, vous êtes la comédienne la plus admirée du public français. Vous avez reçu plusieurs prix aux festivals de Cannes et de Venise. On vous voit beaucoup à la télévision et vos photos illustrent souvent les magazines. Est-ce que cette vie vous convient réellement ?

Danièle Farnant : Si cette vie _____ , _____

_____ .

Journaliste : Et si vous abandonniez ce métier, alors ?

Danièle Farnant : Si _____ , _____

_____

_____ .

Journaliste : Mais alors, on ne parlerait plus de vous dans les médias !

Danièle Farnant : Oh vous savez, si on _____

_____

_____

Journaliste : Danièle, si vous pouviez changer le monde, quels seraient vos premiers souhaits ?

Danièle Farnant : Écoutez, si je _____

_____

_____ .

Mais malheureusement, je n'ai pas ces possibilités !

E

Avec des si, il aurait été banquier

Journaliste : Monsieur Tolard, vous venez de publier vos mémoires que vous avez écrites en prison. Comme tout le monde le sait, vous êtes un dangereux gangster, vous avez été arrêté et condamné il y a vingt ans et vous avez passé toutes ces années à raconter votre vie dans un livre qui a actuellement un grand succès. Est-ce que vous auriez écrit ce livre si vous n'aviez pas passé 20 ans en prison ?

Tolard : Si je n'avais pas passé 20 ans en prison, je n'aurais pas eu le temps d'écrire mes mémoires !

Journaliste : Vous dites dans votre livre que si vous aviez reçu une bonne éducation, vous auriez pu devenir banquier ou général.

Tolard : Parfaitement ! Si mon père m'avait donné une bonne éducation, si j'avais pu faire des études et si j'avais grandi dans une famille normale, je ne serais pas devenu gangster !

Journaliste : Et si vous n'aviez pas commis tous ces hold-up, vous n'auriez pas été arrêté, vous n'auriez pas passé 20 ans en prison et bien sûr vous n'auriez pas écrit vos mémoires !

Tolard : C'est certain ! Mais si je n'avais pas été gangster, je serais quand même célèbre aujourd'hui, comme banquier ou comme général !

9

1. *Journaliste :* Dites-nous comment vous **seriez devenu** célèbre, **si** vous _____ banquier **à 25 ans** ? — être

2. *Tolard :* C'est tout simple ! Si j'_____ banquier **à 25 ans**, j'_____ beaucoup d'argent. Si _____ riche à cet âge-là, on _____ de moi dans les journaux et donc je _____ célèbre ! — devenir / gagner / être / parler / devenir

3. *Journaliste :* Et dites-nous maintenant ce que vous _____ _____ si la police ne vous _____ , **il y a 20 ans**. — faire / arrêter

4. *Tolard :* Si je n'_____ par le commissaire Boulot, **il y a 20 ans**, je _____ en Amérique du Sud avec mes millions. — arrêter / aller

5. *Journaliste :* Mais si vous _____ en Amérique du Sud, on vous _____ en France ! **et maintenant** personne ne **parlerait** plus de vous !! — aller / oublier

6. *Tolard :* Ça c'est vrai ! Si j'_____ échapper à la police, je _____ tranquillement et **aujourd'hui**, on ne _____ plus de moi. — pouvoir / se cacher / se souvenir

7. *Journaliste :* Tolard, une dernière question : Qu'est-ce que vous _____ de vos millions, si vous n'_____ **20 ans en prison** ? — faire / passer

8. *Tolard :* Croyez-moi, mon cher Delmas, je ne les _____ _____ à la banque ! Il y a trop de hold-up ces temps-ci ! — mettre

10 **Notre dernier interview de la semaine :**
Marcel Delmas et le clochard de la place Monge

Journaliste : Alors monsieur, vous vivez toute l'année dehors, sans argent, sans maison, sans famille. Pourtant vous avez été riche, autrefois. Vous étiez avocat, je crois ?

Le clochard : Eh oui, si _____

_____ .

Journaliste : C'est donc à cause de l'alcool que vous avez perdu votre fortune ?

Le clochard : Eh oui, si _____

_____ .

Journaliste : _____

_____ ?

Le clochard : _____

_____ .

11 **L'horoscope de la semaine**

Bélier (21-3 au 20-4)

Si vous ne réfléchissez pas, vous tomberez dans tous les pièges de la vie.

Si vous aviez pris conseil auprès de vos amis, vous n'auriez pas eu cette grosse difficulté professionnelle.

Dans votre vie privée, si vous n'étiez pas si naïf, vous verriez tout de suite qu'on vous aime vraiment.

Si, ce mois-ci, vous avez rencontré un ami, gardez-le précieusement, il pourra vous consoler.

Taureau (21-4 au 20-5)

Si vous _____ sage (mais vous ne l'êtes pas) vous _____ quelque temps avant de vous engager professionnellement.

Si vous _____ plus de temps avec votre famille, votre vie privée _____ beaucoup mieux.

Si vous _____ un billet de loterie, vous _____ très probablement.

Si vous _____ les conseils de votre père vous _____ un superbe voyage.

Balance (23-9 au 22-10)

Si _____

_____

_____

Si _____

_____

_____

Si _____

_____

_____

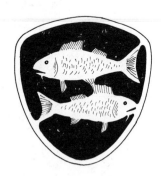

Poissons (19-2 au 20-3)

_____

_____

_____

_____

_____

_____

---

a

Si des amis m'**invitent**, j'**accepte** **chaque fois** leur invitation avec plaisir.

S'il ne **fait** pas trop chaud, **d'habitude** je **me promène** sur les grands boulevards.

---

b

Si vous **avez** trop **mangé** et **que** vous **avez** mal à la tête, **ne prenez pas** de médicaments !

Si vos enfants **ont attrapé** un rhume, **faites**-leur boire du thé bien chaud !

---

c

Si vous **mangez** trop de sucre, vous **aurez** vite les dents cariées.

Si votre enfant ne **fait** pas d'exercice physique, il ne **grandira** pas.

---

d

Si Revers **devait** arrêter de faire du tennis, il **deviendrait** moniteur.

S'il **était** moniteur, il **ferait** tout pour que ses élèves gagnent.

---

e

Si Tolard n'**avait** pas **passé** 20 ans en prison, il n'**aurait** pas **eu** le temps d'écrire ses mémoires.

« **Si** j'**avais pu** étudier, je **serais** avocat **aujourd'hui** », dit-il.

DOSSIER 10

Politique : les partis face à face

LES LEUR

LE LUI

LA MOI

LE TOI

ME LE

NOUS LES

NOUS EN

T'EN

LE PXZ EST LA PAIX SOCIALE E PROGRÈS, LE BIEN-ÊTRE

LE CHÔMAGE, LA VIE CHÈRE, L'INSÉCURITÉ NOUS LES LUI DEVONS AUSSI

FACE À FACE

Rassemblement de la majorité

Nous tenons nos promesses !

■ Le peuple français veut la justice sociale. Nous travaillons pour la lui apporter.

■ Nous promettions aux travailleurs la réduction du temps de travail : nous la leur avons donnée.

■ Nous promettions aux jeunes des possibilités de formation : nous leur en offrons dans les nombreux stages qui existent.

Rassemblement de l'opposition

Où sont vos promesses ?

■ Les résultats de votre politique ? Les Français veulent les connaître ! Montrez-les leur : baisse du pouvoir d'achat, chômage, insécurité, etc.

■ La réduction du temps de travail promise aux travailleurs ? Montrez-la leur ; une heure de moins par semaine !

■ Du travail pour la jeunesse ? Trouvez-lui en : pour l'instant, partout le chômage.

1. Nous promettions **aux femmes les mêmes droits** au travail que ceux des hommes : nous _____ avons établis.

2. Nous avons promis **aux salariés la cinquième semaine** de congés payés : nous _____ avons donnée.

3. **Tous les Français** souhaitent **la paix sociale**. Nous voulons _____ assurer.

4. Nous promettions **aux familles une véritable politique** d'aide familiale. Nous _____ offrons.

5. **La vie meilleure** que le peuple français espérait, on ne _____ a pas donnée.

6. Vous avez promis **aux agriculteurs le développement** de leur secteur, présentez _____ : baisse de leur pouvoir d'achat !

7. Et **les résultats** de votre lutte contre le chômage, **les Français** les connaissent ! Alors montrez _____ sans les fausser : 2 500 000 chômeurs.

8. De belles promesses aux Français ? Vous _____ avez fait !

B

Dimanche prochain, vous voterez pour le *Parti du Progrès*

■ Le progrès dans votre vie, pour chacun d'entre vous, le Parti du Progrès vous le propose pour demain !

■ Jeune, tu cherches du travail ! Nous t'en procurerons, ce sera notre première tâche. Et vous, les travailleurs qui êtes au chômage, nous vous en fournirons aussi.

■ Vous, les personnes âgées, vous avez du temps libre, vous avez besoin d'activités et de loisirs : nous vous en organiserons. Et votre retraite, bien sûr, nous vous l'augmenterons en priorité.

■ Jeune homme, ta vignette moto[1] te coûte cher, nous te la supprimerons !

■ Pour vous tous, les impôts sont un poids insupportable : nous vous les supprimerons ! Nous nous en occuperons dès notre élection.

■ Familles ! Vous avez besoin d'aide pour élever vos enfants : nous vous en apporterons !

■ Nos promesses seront tenues. Dimanche prochain, souvenez-vous en. Nous avons besoin de votre confiance ! Ne nous la refusez pas ! Accordez-la nous sans hésiter ! Votez pour Paul Bontemps, le candidat du Parti du Progrès.
« Oui, je m'engage à travailler pour vous. Mais j'ai besoin de vous et de vos voix. Donnez-les nous, donnez-les moi massivement ! Pour un véritable progrès français, ne me les refusez pas ! »   PAUL BONTEMPS

■ Soyez nombreux dimanche à venir voter pour notre Parti ! Nous vous y invitons vivement !

1. Étiquette certifiant que le propriétaire de la moto a payé sa taxe annuelle.

 Halte à la démagogie !

1. Les candidats du Parti du Progrès feraient des merveilles pour nous ?

   Mais comment ?

   Quels sont les moyens qu'ils emploieront ? Ils ne _____ parlent pas !

2. Quel est leur programme ?

   Ils ne _____ expliquent pas !

3. Monsieur Bontemps, nous aimerions connaître votre projet de société, parlez _____ un peu !

4. Et votre politique économique, expliquez _____ !

5. Et votre plan de réformes sociales, présentez _____ !

6. Et votre politique culturelle, présentez _____ aussi !

7. Attention ! Méfions-nous des promesses dorées ! Méfions _____ comme de la peste, car elles ne sont que pure démagogie électorale !

8. Ne nous fions pas à ces mensonges ! Ne _____ fions pas un seul instant.

9. Tournons-nous vers des candidats sérieux qui s'engagent sur des programmes clairs, raisonnables et réalistes. L'Union démocratique _____ propose un et vous demande vos voix. Confiez _____ .

④ **Comment se préparent les sondages d'opinion ?**

1. Vous intéressez-vous à la politique ?

☐ Oui, je m'_____ intéresse.

☐ Non, je ne m'_____ intéresse pas.

☐ _____ par moments.

2. Discutez-vous des événements politiques ?

☐ _____ souvent.

☐ _____ quelquefois.

☐ _____ jamais.

3. Parlez-vous des problèmes politiques à vos enfants, si vous en avez ?

☐ _____ souvent.

☐ _____ quelquefois.

☐ _____ jamais.

4. À votre avis, le gouvernement vous informe-t-il suffisamment de sa politique ?

☐ _____ suffisamment.

☐ _____ pas assez.

☐ _____ pas du tout.

5. Les candidats aux élections expliquent-ils clairement leurs programmes politiques aux électeurs ?

☐ _____ clairement.

☐ _____ pas clairement.

☐ _____ pas du tout.

6. À votre avis, les dirigeants et les candidats aux élections doivent-ils dire la vérité au peuple au sujet de leur politique ?

☐ Oui, _____

☐ Non, _____

☐ _____

7. Les hommes politiques tiennent-ils compte des sondages d'opinion ?

☐ Oui, _____

☐ Non, _____

☐ _____

⑤ Les sondages d'opinion, qu'en pensez-vous ?

_____

_____

_____

_____

_____

_____

_____

_____

_____

_____

_____

a

Je le lui donne.

Tu **dois** la lui expliquer.

Nous **voulons** les leur apporter.

Je lui en montrerai un.

Ils **peuvent** leur en offrir beaucoup.

Nous leur en parlons.

Donne- le lui !

Explique- la lui !

Apportez- les leur !

Ne les leur apportez pas !

Montre- lui en un !

Ne leur en offrez pas !

Parlez- leur en !

b

Il **veut** me le proposer.

Nous te la **promettons**.

Vous **allez** nous les augmenter.

Nous vous l'apporterons.

Ils m'en **fournissent** deux.

Ils nous en informeront.

Proposez- le moi !

Promettez- la nous !

Ne me les augmentez pas !

Ne nous l' apportez pas !

Fournissez m'en deux.

Ne nous en informez pas !

Vous vous y **habituerez** vite.

Je t'y obligerai.

Nous l'y forcerons.

Je l'en persuaderai.

Ils **peuvent** nous en remercier.

Habituez- vous y !

Ne m'y oblige pas !

Persuadez- les en !

Ne nous en remerciez pas !

DOSSIER 11

Vie urbaine :
le Parisien enchaîné

Le Parisien

La circulation devient tellement intense que la préfecture de police envisage d'interdire l'usage des voitures particulières dans le centre ville.

IL Y A TELLEMENT DE BRUIT ON VA TOUS DEVENIR SOURDS

VROOM

TÛÛT PIN PON PIN PON... TÛÛT M

FFA

TÛÛT !

SI... QUE

TANT... QUE

TELLEMENT DE... QUE

SI BIEN QUE

Lutèce enchaînée

Il y a actuellement tant de véhicules dans la capitale que les piétons doivent marcher sur les toits des voitures pour ne plus se faire rouler sur les pieds.

E. BRAULT 85

93

LE PARISIEN ENCHAÎNÉ

Les motocyclistes et les automobilistes roulent trop vite et font trop de bruit, si bien que la vie devient intolérable pour les Parisiens qui se plaignent de plus en plus.

Une dame âgée nous écrit : « Il y a tellement de bruit dans ma rue que je ne peux plus dormir. »

Un habitant du 13e arrondissement constate : « Notre rue est tellement bruyante que personne ne peut plus dormir ici. »

Un ingénieur ajoute : « Dans ma rue, le bruit des moteurs de voiture me fait tellement mal aux oreilles que je ne peux plus dormir. »

Une commerçante déclare enfin : « Le bruit de la rue me fatigue tellement que je ne peux plus m'endormir. »

Les piétons protestent contre la vitesse des voitures dans les rues : « Les carrefours sont devenus si dangereux que je n'ose plus traverser même dans les passages cloûtés », nous dit une retraitée en colère.

« À Paris, les automobilistes roulent si vite que nos enfants ne peuvent plus aller seuls à l'école », nous raconte une mère de famille. En somme, il y a tant d'autos et tant de motos qu'il n'y a plus de place pour les piétons parisiens ! On voit partout des voitures garées sur les passages cloûtés et sur les trottoirs, si bien que les gens ne savent plus où marcher en sécurité. En tous cas, les Parisiens ont tant protesté cette année que les Services publics pensent interdire la circulation et ainsi rendre la vie supportable aux habitants de la capitale.

 Chacun voit midi à sa porte

1. « Paris est une ville impossible ! Les métros et les autobus sont toujours pleins, les rues sont dangereuses, le bruit est infernal, les trottoirs sont impraticables _____ les vieux comme moi sont condamnés à rester enfermés à la maison. »

2. « Paris est _____ agréable _____ tous les touristes veulent y rester. Il y a _____ musées, _____ expositions, _____ _____ monuments à voir _____ personne ne peut s'ennuyer à Paris. Les moyens de transport public sont _____ confortables et _____ pratiques _____ on peut aller partout sans fatigue et sans difficultés ! »

3. « Les jeunes Parisiens sont _____ bizarres _____ je ne les comprends pas du tout ! Ils se peignent les cheveux en rouge, vert et jaune _____ on les prendrait pour des perroquets ! Ils portent des vêtements _____ grands pour eux _____ ils ont l'air d'épouvantails à moineaux. Ils écoutent leur musique _____ fort _____ Ils deviennent sourds comme des pots. Ils lisent _____ peu, ils écrivent _____ mal, ils parlent _____ on se demande s'ils ne viennent pas d'une autre planète. »

4. « Les Parisiens travaillent _____ ils n'ont pas le temps de se reposer. Ils sont _____ occupés _____ ils ne peuvent
jamais voir leurs amis. Ils sont _____ pressés _____ on
les voit toujours courir et ils courent _____ ils sont toujours fatigués. »

5. « Les jeunes Parisiennes se maquillent _____ elles ressemblent à
des actrices de cinéma ! Elles sont _____ élégantes _____
on dirait des mannequins. Elles ont _____ charme _____
personne ne leur résiste ! »

6. « Je n'ai rien contre les jeunes, mais quand même, les garçons et les filles de
maintenant s'amusent _____ on se demande s'ils savent encore
travailler ! Ils dépensent _____ argent _____ ils n'ont
jamais un sou d'économie ! »

7. « Je plains réellement les jeunes d'aujourd'hui : ils ont _____
choses à apprendre à l'école. Ils doivent travailler _____ ! Ils ont
_____ peu de vacances ! Ils sont _____ sérieux
_____ ils ressemblent déjà à des petits vieux ! »

② **Les jeux du Parisien enchaîné : « A » comme « B »**

On dit « il est muet comme une carpe » ou « il est sourd comme un pot ».
Que peut-on dire encore ?

③ **Le jeu des définitions n° 1**

Il est « muet comme une carpe » : il parle **si** peu **qu'**il fait penser à une carpe qui, bien
sûr, ne parle pas.
Et maintenant, à vous de continuer.

Le jeu des définitions n° 2

fou à lier : il est **tellement** fou **qu'**on devrait l'attacher.

mignon à croquer : _____

bête à manger du foin : _____

malade à crever : _____

laide à faire peur : _____

triste à pleurer : _____

Cette ville est | **si** | bruyante | **que** | les gens deviennent sourds.

Cette ville est | **tellement** | bruyante | **que** | les gens deviennent sourds.

Les voitures roulent | **si** | vite | **que** | les piétons hésitent à traverser.

Les voitures roulent | **tellement** | vite | **que** | les piétons hésitent à traverser.

Le bruit me **fatigue** | **tant** | **que** | je ne peux plus m'endormir.

Le bruit me **fatigue** | **tellement** | **que** | je ne peux plus m'endormir.

Les Parisiens **ont** | **tant** | protesté | **que** | des mesures ont été prises.

Les Parisiens **ont** | **tellement** | protesté | **que** | des mesures ont été prises.

Il y a | **tant de** | bruit | **que** | personne ne peut dormir.

Il y a | **tellement de** | bruit | **que** | personne ne peut dormir.

DOSSIER 12

La page psy :
Connais-toi toi-même

AVANT QUE...

AVANT DE...

JUSQU'À CE QUE

TANT QUE

La page psy

Voici trois tests qui pourront vous éclairer sur votre comportement. Quelle sorte d'ami êtes-vous ? Comment vous comportez-vous en famille ? en public ? Vous le saurez en faisant ces tests !

A

Dans vos rapports avec vos amis êtes-vous discret ? scrupuleux ? attentionné ? égoïste ?

1. Vous téléphonez toujours à vos amis avant d'aller chez eux. | vrai | faux |

2. Vous n'allez jamais chez vos amis avant qu'ils ne vous aient invité. | vrai | faux |

3. Avant qu'un ami ne vous mette à la porte, vous ne sentez pas que vous dérangez. | vrai | faux |

4. Avant de sonner à la porte d'un ami vous avez peur d'arriver trop tôt ou de le déranger. | vrai | faux |

5. Vous n'allez jamais chez un camarade avant qu'il ne vienne d'abord chez vous. | vrai | faux |

1

6. Vous achetez généralement un petit cadeau _____ **rendre visite** à des amis. | vrai | faux |

7. **Vous** ne leur faites jamais de cadeau _____ **ils** ne vous _____ donné quelque chose. | vrai | faux |

8. **Vous** leur proposez vos services _____ **ils** n'_____ besoin de vous demander votre aide. | vrai | faux |

9. _____ **partir** en vacances, vous leur demandez de garder votre chien ou d'arroser vos plantes. | vrai | faux |

10. _____ **ils** _____ en vacances dans un pays étranger, **vous** organisez une petite fête pour leur souhaiter « bon voyage ». | vrai | faux |

11. **Vous** ne leur donnez pas de conseils _____ **ils** _____ vous en demandent. | vrai | faux |

12. Invité chez des amis, **vous** partez toujours _____ **tout le monde** _____ trop fatigué. | vrai | faux |

13. _____ partir, vous proposez de faire la vaisselle ou de vider la poubelle. | vrai | faux |

14. **Vous** partez _____ **vos amis** _____ fini de vous raconter leurs problèmes. | vrai | faux |

RÉSULTATS DU TEST : les réponses 1, 12 sont *vraies*, vous êtes un ami très *discret*. Les réponses 6, 8, 10, 13 sont *vraies*, vous êtes un ami *attentionné*. Les réponses 2, 4 et 5 sont *vraies*, vous êtes trop *scrupuleux*. Les réponses 3, 7 et 14 sont *vraies*, vous pouvez réfléchir au sens du mot « amitié » !!

B

Et en famille ? êtes-vous généreux ? égoïste ? compréhensif ? exigeant ?

1. Tant que vos parents ne vous auront pas offert une moto, vous n'irez pas faire les courses. | vrai | faux |

2. Vous ne ferez pas le ménage tant qu'ils n'auront pas remplacé le vieil aspirateur. | vrai | faux |

3. Vous n'aiderez pas à la maison tant que vous n'aurez pas fini vos études. | vrai | faux |

4. Vous trouverez normal de faire la vaisselle ou le ménage tant que votre mère travaillera à l'extérieur. | vrai | faux |

5. Tant qu'on vit ensemble, il faut se répartir les travaux domestiques. | vrai | faux |

6. Tant que vos parents ne vous ont pas donné d'argent, vous ne faites rien pour eux. | vrai | faux |

②

7. Vous **refuserez** de sortir avec votre famille le dimanche _____ _____ vos parents n'_____ pas _____ une voiture neuve. | vrai | faux |

8. Pour vous, _____ un jeune homme _____ des études, il **est** anormal de lui demander de s'occuper du ménage. | vrai | faux |

9. Vous ferez un peu de ménage ou quelques courses _____ _____ vos parents vous _____ de l'argent pour ce travail. | vrai | faux |

10. Selon vous, _____ les hommes de la famille ne _____ rien à la maison, vous **refusez** d'aider à la cuisine ou au ménage. | vrai | faux |

11. Vous vous **occupez** entièrement de la maison _____ vous _____ en vacances. | vrai | faux |

12 _____ il y _____ des femmes à la maison, votre place ne sera pas à la cuisine. | vrai | faux |

13. _____ vous n'**aurez** pas **trouvé** d'emploi vous _____ au moins la vaisselle. | vrai | faux |

14. Vous trouvez très naturel d'aider au ménage _____ vous _____ chez vos parents. | vrai | faux |

RÉSULTATS DU TEST : si vous répondez « vrai » aux n°s 11, 14 votre attitude est plutôt *généreuse*, si les réponses 4, 5 et 13 sont vraies, vous êtes *compréhensif* dans la vie familiale. Les réponses 2, 8, 10 sont vraies ? vous êtes trop *exigeant*, faites attention ! Si vous avez répondu « vrai » aux n°s 1, 3, 6, 7, 9, 12 vous êtes tellement *égoïste* que personne ne choisirait de vivre avec vous.

C

Et en public ? êtes-vous prudent ? peureux ? nerveux ? attentionné ? sans gêne ? égoïste ? exubérant ?

1. Dans l'autobus, vous restez debout jusqu'à ce que toutes les personnes âgées soient assises. ☐ vrai ☐ faux

2. Vous courez vous asseoir sans regarder personne et vous lisez votre journal jusqu'à ce que vous soyez arrivé à destination. ☐ vrai ☐ faux

3. Vous cherchez jusqu'à ce que vous trouviez quelqu'un à qui parler. ☐ vrai ☐ faux

4. Vous resterez aimable tant qu'on ne vous aura pas marché sur les pieds. ☐ vrai ☐ faux

5. Vous restez aimable jusqu'à ce qu'on vous ait marché sur les pieds. ☐ vrai ☐ faux

6. Vous sifflez, chantez ou parlez très fort avec vos amis jusqu'à ce que les autres passagers vous fassent des remarques. ☐ vrai ☐ faux

7. En avion, vous avez continuellement peur _____ l'avion **atterrisse**. ☐ vrai ☐ faux

8. Vous gardez votre ceinture de sécurité _____ l'avion **n'a** pas **atterri**. ☐ vrai ☐ faux

9. Vous vous allongez sur deux sièges _____ l'hôtesse **vienne** vous déloger. ☐ vrai ☐ faux

10. Vous êtes angoissé _____ vous n'**êtes** pas **sorti** de l'avion. ☐ vrai ☐ faux

11. Vous êtes malade _____ vous **soyez descendu** de l'avion. ☐ vrai ☐ faux

12. Vous êtes malade _____ vous **n'êtes pas descendu** de l'avion. ☐ vrai ☐ faux

13. Vous ne cessez pas d'appeler l'hôtesse _____ elle **vienne** s'occuper de vous. ☐ vrai ☐ faux

14. Vous n'arrêtez pas de déranger votre voisin _____ il **comprenne** qu'il doit changer de place. ☐ vrai ☐ faux

15. Vous n'avez pas peur _____ vous **entendez** le bruit régulier des moteurs. ☐ vrai ☐ faux

16. Vous ne **prendrez** jamais l'avion _____ vous **vivrez**, c'est trop dangereux. ☐ vrai ☐ faux

17. En voiture, vous roulez toujours au milieu de la route _____ _____ vous **aperceviez** au loin un car de police. ☐ vrai ☐ faux

100

18. _____ vous ne **voyez** pas de policiers, vous
roulez toujours au milieu de la route. | vrai | faux |

19. Au feu vert, avant de démarrer, vous attendez _____

_____ les derniers piétons **aient traversé**. | vrai | faux |

20. Au feu vert, vous ne démarrez pas _____ les
derniers piétons **n'ont pas traversé**. | vrai | faux |

RÉSULTATS DU TEST : Vous avez répondu « vrai » au n° 3, vous êtes *exubérant* ! Si vous avez répondu « vrai » au n° 1, vous êtes *attentionné*. Si les réponses 8, 15, 19, 20 sont vraies, vous êtes une personne *prudente*. Si les n°s 16, 10, 7 sont vraies ? vous êtes réellement trop *peureux*. Si les réponses 2, 9, 17, 18 sont vraies, vous êtes vraiment trop *égoïste* pour vivre en société ! Si vous répondez « vrai » aux n°s 4, 5, 11, 12, 13 vous êtes très *nerveux* et donc pénible à fréquenter ! Enfin si 14 et 16 sont vraies, vous êtes, malheureusement pour les autres, *sans gêne* mais ça ne vous dérange pas du tout, bien entendu.

(4) *Prouvez que vous êtes réellement généreux ou au contraire terriblement égoïste !!*

1. Avant de m'installer dans un lieu public, je _____

_____

2. Avant que mes camarades _____

_____

3. Tant que mes amis _____

_____

4. _____ jusqu'à ce que

_____

5. _____ tant que

_____

6. _____

_____

7. _____

_____

8. _____

_____

5 *Et comment vous comportez-vous avec vos enfants ? Avec douceur ? Avec sévérité ? Vous le saurez facilement en réagissant aux situations suivantes !*

1. Vos enfants ont faim avant l'heure du repas.
   Ils n'auront rien à manger jusqu'à ce que le repas soit prêt !

_____

2. Ils n'ont pas envie de manger.

_____

3. Ils ne veulent pas aller se coucher.

_____

4. Ils ont peur de rester dans l'obscurité.

_____

5. Ils veulent manger tous les chocolats qu'on vous a offerts.

_____

Attention ! Vos tests 4 et 5 peuvent démontrer que vous n'avez pas répondu très honnêtement aux tests précédents ! Relisez-vous et analysez-vous !!

---

a

Sonnez | avant d' | entrer !

Vous partez | avant que | **tout le monde** | ne | soit trop ivre.

Vous n'allez jamais chez vos amis | avant qu' | ils ne vous **aient invité.**

---

b

| Tant qu' | on ne vous { **donne pas** / a pas **donné** } d'argent, vous ne **travaillez** pas.

| Tant qu' | on ne vous { **demandera pas** / **aura** pas **demandé** } d'aide, vous ne **ferez** rien.

| Tant qu' | on **vit** ensemble, il **faut** partager les tâches de la maison.

Tu **participeras** aux travaux domestiques | tant que | tu **vivras** chez moi.

---

c

Vous restez poli | tant qu' | on ne vous { **marche pas** / a pas **marché** } sur les pieds.

Vous restez poli | jusqu'à ce qu' | on vous { **ait marché** / **marche** } sur les pieds.

Vous êtes malade | jusqu'à ce que | vous { **descendiez** / **soyez descendu** } de l'avion.

Vous êtes malade | tant que | vous { **n'êtes pas descendu** / **ne descendez pas** } de l'avion.

DOSSIER 13

Le marché du travail : les entreprises et les sociétés vous proposent

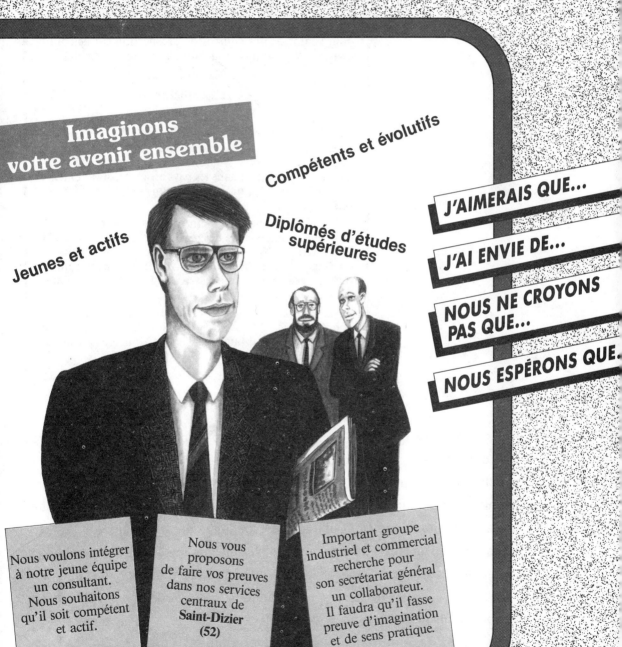

Imaginons votre avenir ensemble

Compétents et évolutifs

Jeunes et actifs

Diplômés d'études supérieures

J'AIMERAIS QUE...

J'AI ENVIE DE...

NOUS NE CROYONS PAS QUE...

NOUS ESPÉRONS QUE.

Nous voulons intégrer à notre jeune équipe un consultant. Nous souhaitons qu'il soit compétent et actif.

Nous vous proposons de faire vos preuves dans nos services centraux de **Saint-Dizier (52)**

Important groupe industriel et commercial recherche pour son secrétariat général un collaborateur. Il faudra qu'il fasse preuve d'imagination et de sens pratique.

A

Nous sommes une société d'

EXPORT-IMPORT

qui désire étendre ses marchés en Afrique. Nous voulons donc renforcer nos équipes de prospection sur ce continent. C'est pourquoi nous aimerions rencontrer de

**jeunes diplômés
de l'enseignement
supérieur**

que nous souhaitons former aux techniques du marketing.

Nous aimerions que les candidats soient dynamiques, entreprenants et nous voulons qu'ils soient prêts à voyager très fréquemment dans les pays africains : il vaut mieux être totalement disponible pour choisir cette carrière très active.

Il faut absolument que nos futurs prospecteurs aient une excellente connaissance des marchés et qu'ils connaissent bien l'Afrique. Nous souhaitons que les candidats fassent un stage de trois mois à Paris car il vaut mieux qu'ils sachent exactement quelles seront leurs responsabilités dans notre société.

Nous désirons que toutes les candidatures soient déposées à notre siège, 20, boulevard des Capucines, avant le 30 décembre, car il faut que le stage ait lieu dès le début de l'année.

1

1. Nous souhaitons développ_____ notre entreprise de produits laitiers. Nous voulons donc engag_____ trois spécialistes de production et trois prospecteurs de marchés. Nous souhaitons _____ ils puissent être totalement disponibles dès le premier janvier. Pour répondre à nos exigences, il faut _____ des connaissances en produits agricoles et une solide expérience du marketing.

2. Nous sommes un laboratoire de produits pharmaceutiques. Nous recherchons un visiteur médical. Il faut _____ il _____ prêt à travailler dès le premier juin. Nous souhaitons _____ notre futur collaborateur _____ de bonnes connaissances en chimie et en biologie. Pour choisir cet emploi, il _____ aimer les relations avec la clientèle. Il faudra également _____ le candidat _____ se déplacer en province plusieurs fois par mois.

3. La BNL recherche deux comptables. _____ les candidats aient une expérience bancaire de plusieurs années. Il faut _____ ils _____ entreprenants. Pour être retenu, il faut _____ moins de 35 ans. Nous souhaitons _____ les candidats _____ directement à notre direction générale, 252, bd Haussman, service du personnel, le 25 mai à 14 heures.

4. Notre futur directeur commercial est diplômé, jeune et entièrement disponible. Il veut réuss_____ à tout prix, il _____ rechercher de nouveaux marchés pour développer l'entreprise, il _____ prend_____ des initiatives. Nous voulons _____ il _____ responsable, volontaire et ambitieux. Nous souhaitons _____ sa candidature _____ convaincante et sérieuse. En un mot, nous désirons _____ un véritable professionnel du commerce.

5. Notre station Radio-Verte recherche un annonceur. Nous _____ qu'il _____ cultivé et dynamique. Il vaut mieux _____ sa voix _____ chaleureuse et charmeuse. Il faut, bien entendu, _____ son élocution _____ parfaite. Ce travail conviendra à un jeune homme qui _____ animer, inform_____ et distrai_____ les jeunes.

6. Vous êtes jeune, cultivée, jolie, distinguée ? Notre compagnie vous attend comme hôtesse d'accueil. Pour ce poste, il faut _____ anglais et il vaut mieux _____ notre future hôtesse _____ des qualités humaines et _____ elle _____ disponible pour des déplacements fréquents à l'étranger. Cette offre s'adresse à une fille qui _____ prend_____ des responsabilités et qui _____ _____ faire carrière dans une compagnie de publicité.

7. Notre société Vacances et Loisirs recherche pour l'été quatre animatrices jeunes et actives. Il faut _____ elles _____ totalement disponibles pendant toute la saison. Nous voulons _____ elles _____ amuser, distraire, servir et écouter notre clientèle de personnes âgées. Nous souhaitons _____ les candidates à la direction générale de Vacances et Loisirs, 20, avenue Matignon, Paris 16e. Pour être retenues, il faudra _____ les candidates _____ un caractère agréable et le sens des contacts humains.

8. Vous _____ voyag_____, vous _____ gagn_____ plus d'argent, vous aimez les contacts humains ? Alors nous _____ vous rencontrer. Nous sommes une société de ventes à domicile. Pour ce travail, il vaut mieux _____ vous _____ totalement disponible et _____ vous sachiez conduire. Pour réussir dans cette situation, il faut _____ volontaire, courageuse et bonne vendeuse.

B

Notre
COMPAGNIE D'ASSURANCES
a décidé de créer des agences en province. Pour la réalisation de ce projet, il est essentiel que de jeunes collaborateurs nous rejoignent.

Nous serons heureux d'accueillir des
diplômés de l'enseignement supérieur
ayant au moins six ans d'expérience dans les assurances.

Il serait préférable que les candidats connaissent bien l'informatique, il est surtout indispensable qu'ils soient d'excellents gestionnaires.

Nous attendons bien sûr qu'ils sachent prendre des responsabilités.

Pour réussir dans cette situation stable, il est indispensable d'avoir de l'ambition, il est préférable d'être entreprenant et en tout cas, il est essentiel d'être totalement disponible.

Les jeunes directeurs que nous choisirons auront envie de progresser rapidement, ils n'auront pas peur de se consacrer à leur tâche, ils ne craindront pas de prendre des risques, ils seront fiers d'avoir en main l'avenir de leur agence, ils seront heureux que leur agence soit toujours la première. Nous attendons de rencontrer nos futurs collaborateurs à la direction générale, le 20 avril entre 14 heures et 18 heures.

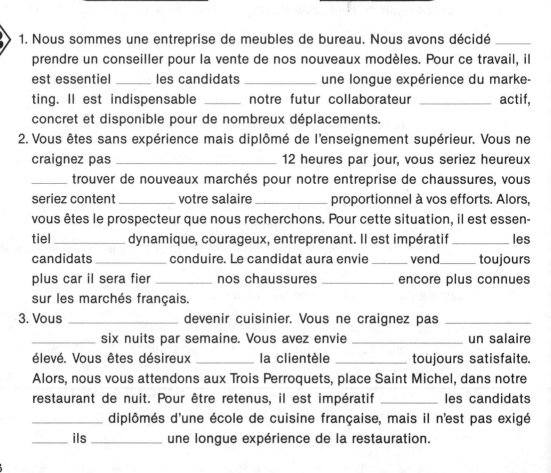

2.

1. Nous sommes une entreprise de meubles de bureau. Nous avons décidé _____ prendre un conseiller pour la vente de nos nouveaux modèles. Pour ce travail, il est essentiel _____ les candidats _____ une longue expérience du marketing. Il est indispensable _____ notre futur collaborateur _____ actif, concret et disponible pour de nombreux déplacements.

2. Vous êtes sans expérience mais diplômé de l'enseignement supérieur. Vous ne craignez pas _____ 12 heures par jour, vous seriez heureux _____ trouver de nouveaux marchés pour notre entreprise de chaussures, vous seriez content _____ votre salaire _____ proportionnel à vos efforts. Alors, vous êtes le prospecteur que nous recherchons. Pour cette situation, il est essentiel _____ dynamique, courageux, entreprenant. Il est impératif _____ les candidats _____ conduire. Le candidat aura envie _____ vend_____ toujours plus car il sera fier _____ nos chaussures _____ encore plus connues sur les marchés français.

3. Vous _____ devenir cuisinier. Vous ne craignez pas _____ _____ six nuits par semaine. Vous avez envie _____ un salaire élevé. Vous êtes désireux _____ la clientèle _____ toujours satisfaite. Alors, nous vous attendons aux Trois Perroquets, place Saint Michel, dans notre restaurant de nuit. Pour être retenus, il est impératif _____ les candidats _____ diplômés d'une école de cuisine française, mais il n'est pas exigé _____ ils _____ une longue expérience de la restauration.

4. Nous serons heureux _____ vous entr_____ dans notre équipe de dessinateurs publicitaires. Pour cela, il est conseillé _____ vous _____ 3-4 ans d'expérience. Il serait préférable _____ vous _____ l'esprit imaginatif et créateur. (Il est essentiel _____ son curriculum vitae et un dossier complet de ses créations antérieures, avant le 20 avril.)

C

CHÔMEURS

nous croyons pouvoir vous aider pendant cette période de crise économique. Nous espérons vous procurer rapidement un emploi. Nous ne pensons pas résoudre vos problèmes immédiats, mais vous serez sûrs de trouver à notre centre d'accueil les conseils et les renseignements dont vous avez actuellement besoin. Nous vous attendons à la Maison des Chômeurs, 11, rue de la Fontaine-au-Bois, Paris XIᵉ.

OFFRE DE FORMATION EN ENTREPRISE

Nòtre entreprise de machines éslectroniques croit qu'il faut réagir très vite pour réduire le chômage. Nous sommes sûrs que l'électronique est un métier d'avenir. Nous pensons donc que six jeunes gens de 18 ans peuvent être formés directement dans nos ateliers. Nous espérons qu'ils y trouveront un emploi stable, après trois mois d'apprentissage. Électro-ménager, 8, place Bayard, Paris Xᵉ.

JEUNES DEMANDEURS D'EMPLOI

vous ne croyez pas que les choses soient catastrophiques. Vous ne pensez pas que la crise économique doive durer encore longtemps mais vous n'espérez pas non plus que les emplois puissent se multiplier car vous n'êtes pas sûrs que les patrons veuillent changer leur politique actuelle. Alors, rejoignez notre association pour la lutte contre le chômage, Syndicat des Travailleurs, 22, rue des Entrepreneurs, Parix XVᵉ.

3

1. La BNL recherche un caissier. Notre banque doit être certaine _____ ses employés _____ intelligents, efficaces et honnêtes mais elle ne croit pas _____ un caissier _____ nécessairement avoir de l'expérience. Elle _____ cependant _____ il montrera très rapidement ses qualités et son efficacité.

2. Notre compagnie ne _____ pas _____ il _____ nécessaire d'avoir des diplômes pour être un bon vendeur, mais elle doit être sûre _____ ses vendeurs _____ toujours les meilleurs. Elle espère par conséquent _____ son futur vendeur _____ entreprenant, dynamique et expérimenté.

3. Vous ne _____ pas qu'on _____ besoin de sortir de chez soi pour travailler. Et bien, notre compagnie de vente par correspondance est certaine que vous lui _____ utile. Nous vous proposons du travail chez vous.

4. Nous _____ rencontrer trois jeunes de 18 ans qui seront sûrs _____ trouv____ un emploi stable dans notre entreprise de bougies. Nous _____ les form____ en 3 mois d'apprentissage dans nos ateliers.

5. Vous n'_____ pas _____ que votre travail actuel _____ idéal, vous ne _____ pas non plus qu'il _____ nécessaire de travailler 40 heures par semaine, alors nous sommes certains _____ notre bureau vous _____. En effet, nous pensons _____ un travail de 20 heures par semaine _____ tout à fait suffisant. Ministère du Temps Libre et des Loisirs, service de l'entretien 12, rue du Louvre, Paris.

6. Vous ne pensez pas que la vie _____ faite pour se reposer, vous ne croyez pas qu'on _____ riche en dormant, alors nous espérons que vous _____ _____ surveiller nos magasins toutes les nuits de 20 heures à 8 heures du matin.

④ Canevas d'offres d'emploi

```
Important groupe de presse
Directeur de la Publicité
H ou F, études supérieures
5 ans d'expérience Publicité/Marketing
Anglais exigé
Responsable, entreprenant, dynamique
Disponible dès le 28-6
Envoyer C.V. Direction Générale,
   61, rue Président-Wilson, Paris 75016
```

« Nous sommes un important groupe de presse et nous _____

_____

_____

_____

_____

_____

_____

```
Club Méditerranée
4 animatrices
Disponibles tout l'été
Jolies, sportives, gaies, sympathiques
Qualités morales exigées
Envoyer C.V. et photo avant le 30 juin,
   25, avenue de l'Opéra
```

« Notre club de loisirs _____

_____

_____

_____

_____

```
Ecole bilingue français-chinois, 15 rue
de Pékin
2 professeurs pour le 5 septembre
Qualités humaines indispensables
Bons contacts avec jeunes 12-15 ans
Totalement disponibles
Diplômes facultatifs, mais connaissances
  français-chinois nécessaires
```

« Les directeurs de l'École bilingue

français-chinois _____

_____

_____

_____

_____

_____

Votre entreprise propose :

_____

_____

_____

_____

_____

a

Nous désirons
Nous voulons
J'aimerais

Nous souhaiterions
Il faut
Il vaudrait mieux
...

}
| employer | un ingénieur.

| que | cet ingénieur | fasse | un stage.

b

Nous attendons
Notre société craint
Il est essentiel

Il est indispensable
Nous sommes heureux
J'ai envie
Il est préférable
...

}
| de | | prendre | 3 vendeurs.

| que | ces 3 vendeurs | fassent | un stage.

c

Nous croyons
Nous pensons

Nous espérons
...

}
| pouvoir | aider les jeunes.

| que | les jeunes | seront | heureux.

Nous | ne | pensons | pas |

Nous | ne | croyons | pas |

Nous | n |'espérons | pas |
...

}
| pouvoir | aider les jeunes.

| que | les jeunes | soient | heureux un jour.

DOSSIER 14

Paris cosmopolite

QUOIQUE

BIEN QUE

MALGRÉ

Ce sont tous de vrais Parisiens
malgré leurs origines diverses !

Une interview de Marcel Delmas dans les rues de Paris

Journaliste : Maria de Roma, vous êtes Parisienne, n'est-ce pas ?

Maria de Roma : Évidemment ! je suis Parisienne, bien que je ne sois pas Française !

Journaliste : Comment est-ce possible ?

Maria de Roma : C'est très simple ! Bien que je sois née à Paris et que j'y aie fait toutes mes études, j'ai gardé la nationalité de mes parents : ils étaient Italiens.

Journaliste : Malgré votre nationalité italienne, vous vous considérez comme parisienne ?

Maria de Roma : Bien sûr, puisque j'ai passé presque toute ma vie à Paris !

Journaliste : Et vous n'avez jamais vécu en Italie quoique vos parents soient Italiens ?

Maria de Roma : Écoutez, malgré mes nombreux séjours de vacances en Italie, je peux dire que j'ai presque toujours habité à Paris.

1

1. *Journaliste :* Et quelle langue parlez-vous à la maison ?

   Maria de Roma : Le grec, _____ cela **puisse** vous paraître bizarre !

2. *Journaliste :* Le grec ? Pourquoi ça ? Votre mari est donc Grec ?

   Maria de Roma : Non ! _____ il _____ à | naître

   Athènes et **qu'**il y _____ toute son enfance, il est, | passer

   en fait, Américain !

3. *Journaliste :* Mais alors, pourquoi ne parlez-vous pas l'anglais ou le français ensemble ?

   Maria de Roma : _____ **toute ma bonne volonté**, je n'arrive

   pas à prononcer l'anglais ; _____ je le _____ | comprendre

   très bien, je le parle avec beaucoup de difficultés.

4. *Journaliste :* _____ vous _____ Italienne, | être

   vous n'avez jamais vécu en Italie ? _____ votre mari

   _____ Américain, et _____ vous _____ à | être - vivre

   Paris tous les deux, vous parlez le grec ensemble ? Et

   _____ **vos origines étrangères**, vous êtes tous les deux

   Parisiens ?!

   Maria de Roma : Oui, nous sommes vraiment Parisiens

   _____ **notre vie cosmopolite** !

Marcel Delmas a rencontré un autre Parisien aussi cosmopolite !

5. — _____ je _____ Français par ma mère, j'ai | être

   la nationalité canadienne.

   — Votre père est donc Canadien ?

   — Non, _____ il _____ au Canada depuis | habiter

   25 ans, il est Hongrois, de Budapest !

6. — Comment pouvez-vous être Canadien alors ?

— C'est simple _____ **la nationalité** de mes parents, je suis Canadien parce que je suis né au Canada !

7. — _____ **vos origines** franco-hongroises vous êtes Parisien et vous parlez le français chez vous évidemment ?

— Non, _____ j'_____ le français | apprendre

avec ma mère et _____ nous _____ à Paris depuis | être

plus de 15 ans, je parle le hongrois à la maison.

8. — Votre femme est donc Hongroise ?

— Non, mais elle parle assez bien le hongrois _____

_____ elle _____ à Paris et _____ ses | naître

parents _____ du Vietnam. | venir

9. — _____ **tous ces mélanges**, vous dites que vous êtes Parisien, bien entendu !

10. — Pas vraiment, _____ **mes origines françaises** et mes 15 ans de vie à Paris, je me sens très Canadien !

---

2 *Quatre autres Parisiens ont laissé à Marcel Delmas des renseignements surprenants sur leur identité :*

Nom : Ben Ahmed
Prénom : John
Nationalité : Américain
Lieu de naissance : Alger
Nationalité du père : Algérien
Nationalité de la mère : Française
Domicile actuel : 40, rue Saint-Charles,
  Paris XVe, France

John Ben Ahmed, _____
_____
_____
_____
_____
_____
_____

Nom : Sautomorro
Prénom : Carmen
Nationalité : Italienne
Lieu de naissance : Buenos Aires
Nationalité du père : Argentin
Nationalité de la mère : Argentine
Domicile actuel : 100, rue Lecourbe,
  Paris XVe, France

Carmen Sautomorro : « _____
_____
_____
_____
_____
_____

Nom : Cleto
Prénom : Roberto
Nationalité : Brésilien
Lieu de naissance : Paris
Nationalité du père : Brésilien
Nationalité de la mère : Allemande
Domicile actuel : 28, rue Pascal, Paris XVᵉ,
   France

Roberto Cléto : « _____

_____

_____

_____

_____

_____

_____

Nom : _____

Prénom : _____

Nationalité : _____

Lieu de naissance : _____

Nationalité du père : _____

Nationalité de la mère : _____

Domicile actuel : _____

_____

_____

_____

_____

_____

_____

Bien que je **sois** Italienne, j'ai toujours vécu en France.

Quoique j'**aie** toujours **vécu** en France, je ne suis pas Français.

Malgré **ma nationalité** italienne, je me sens très parisien.

Je suis Français **bien que** ma mère **soit** Allemande et **que** mon père **soit** Brésilien.

Je suis Français **quoique** ma mère **soit** Allemande et **que** mon père **soit** Brésilien.

Je suis Français **malgré** **l'origine allemande** de ma mère **et l'origine brésilienne** de mon père.

DOSSIER 15

Météo et état des routes

DÉPARTS EN VACANCES
Étant donné le risque d'encombrement des autoroutes, Bison fûté vous conseille d'éviter de prendre la route demain matin entre 6 h et 13 h.

SAMEDI
1.500.000 voitures sur les routes en raison des départs et des retours des vacances de neige. Un jour noir pour Bison fûté !

LES PRÉVISIONS POUR DEMAIN

Grâce à l'anticyclone qui s'installe sur notre pays le temps sera sec et ensoleillé

MÉTÉO

AUJOURD'HUI

Bassin parisien. — Beau temps sec et ensoleillé.

Nord, Nord-est. — Beau temps devenant nuageux en fin de journée.

Bourgogne, Franche-Comté. — Beau temps sec et ensoleillé.

Alpes, Corse, Rhône Méditerranée. — Peu nuageux sur le bassin méditerranéen le matin, puis beau temps.

Sud-ouest, Charentes-Poitou, Bretagne-Nord Normandie, Bretagne-Sud Vendée, Centre, Massif Central. — Beau temps sec et ensoleillé.

GRÂCE À

À CAUSE DE

EN RAISON D

VU QUE

ÉTANT DONN

COMME

PARCE QUE

PUISQUE

MÉTÉOROLOGIE

■ Automobilistes ! Grâce à la météo nationale, vous connaissez à tout instant l'état des routes.

■ Aujourd'hui, en raison des basses pressions atmosphériques, le temps sera très couvert dans le nord du pays. Dans le sud, du fait des hautes pressions qui dominent encore, le temps sera exceptionnellement chaud et ensoleillé pour la saison.

■ Par suite du refroidissement des températures, les routes de la région parisienne seront particulièrement glissantes. La visibilité sera très limitée à cause d'une épaisse brume matinale.

■ Par suite des fortes pluies qui sont tombées ces derniers temps sur l'ouest de la France, les vendanges risquent d'être médiocres ; on se rappelle qu'en août, les moissons avaient déjà été très difficiles à cause du mauvais temps dans cette région.

■ Plusieurs villages de la côte bretonne sont isolés par suite de la violente tempête qui a soufflé la nuit dernière. Trois bateaux de pêche ont coulé mais, grâce au courage des équipes de secours, tous les marins ont pu être sauvés.

Suivez les conseils de Bison fûté !

1. _____ conseils de Bison fûté, vous éviterez les embouteillages des fins de semaine.

2. La circulation sera particulièrement difficile sur l'autoroute du Sud _____ _____ départs en vacances.

3. _____ multiplication des parkings souterrains, le stationnement dans les rues pourrait être définitivement interdit aux automobiles.

4. _____ grave accident qui s'est produit ce matin sur la nationale 20, la circulation sera déviée entre Rouen et Évreux.

5. _____ fermeture du périphérique, la circulation sera déviée vers les boulevards intérieurs.

6. _____ construction de la ligne de métro n° 36, l'avenue Claude Bernard sera interdite à la circulation pendant au moins six mois.

7. Automobilistes ! _____ cabines téléphoniques qui sont placées tous les 5 km sur l'autoroute, vous serez rapidement secourus en cas de difficultés.

8. Automobilistes ! _____ très basse température (−15°) vos voitures risquent de ne pas démarrer facilement ce matin.

2 **Telex météo**

| Tempêtes sur la Bretagne - Dégâts matériels nombreux |

_____

_____

| Brouillards matinaux - Circulation dangereuse |

_____

_____

| Orages dans le Massif-Central - Temps lourd et couvert |

_____

_____

3 **Titres de journaux**

_____

_____

_____

_____

LA VOITURE ANTI-POLLUTION EST NÉE

LES POISSONS DISPARAISSENT DE NOS RIVIÈRES

_____

_____

_____

_____

Enfin ! des rues pour piétons seulement

_____

_____

_____

LA NATIONALE 7 EN QUESTION !

Dourdan, janvier 83

■ Vu le nombre d'accidents sur la Nationale 7, des travaux d'élargissements de la voie doivent commencer le plus rapidement possible.

Dourdan, janvier 84

■ Étant donné que les travaux sur la Nationale 7 risquent de durer longtemps, plusieurs communes seront seulement reliées par voie ferrée !

Dourdan, mai 84

■ Étant donné la lenteur des travaux sur la Nationale 7, les automobilistes abandonnent leur voiture et prennent le train.

Dourdan, octobre 84

■ Les habitants des villes bordant la Nationale 7 se plaignent de la lenteur des travaux vu qu'ils n'ont que cette route pour communiquer avec le reste du pays.

Dourdan, décembre 84

■ Il est demandé aux automobilistes de se montrer patients et de continuer à prendre le train tranquillement jusqu'à l'année prochaine, étant donné que la fin des travaux sur la Nationale 7 n'est prévue que pour janvier 85 !

Dourdan, mai 85

■ La Nationale 7 est enfin ouverte à la circulation mais les aires de stationnement ne seront pas aménagées tout de suite, vu le coût énorme des travaux d'élargissement de la voie.

4

1. Interrogé par notre correspondant spécial, le chef des travaux sur la Nationale 7 a déclaré : « _____ les travaux **sont** très difficiles et les ouvriers peu nombreux, la Nationale 7 pourrait bien rester fermée encore une année. »

2. L'association des usagers de la Nationale 7 affirme : « _____ _____ **la lenteur des travaux**, nous avons eu raison de demander un dédommagement aux Services Publics. »

3. « _____ les ouvriers des travaux publics **sont** encore en grève, il est sûr que la circulation de la Nationale 7 ne reprendra pas avant l'année prochaine », a déclaré la municipalité de Dourdan.

4. _____ la Nationale 7 **est** toujours en réparation, il est encore impossible de rejoindre la commune de la Capelle par la route.

5. _____ **le manque** de main-d'œuvre et **la fréquence** des grèves, les responsables ne prévoient pas la fin des travaux sur la Nationale 7 pour cette année.

6. Les automobilistes sont obligés de faire 600 km de déviation _____ _____ la Nationale 7 **est** toujours en travaux. On se rappelle que, _____ _____ **la fréquence** des accidents sur cette nationale, des travaux d'élargissement ont commencé il y a presque deux ans.

AU VOLANT, LA VUE C'EST LA VIE!

■ Il faut être particulièrement prudent au volant parce que la neige rend les routes glissantes et que le brouillard diminue beaucoup la visibilité. Ce matin encore, un automobiliste a provoqué un grave accident parce qu'il roulait trop vite : Pourquoi roulait-il si vite ? se demande-t-on.

— Parce que je m'entraînais pour les 24 Heures du Mans, mais malheureusement, je ne voyais rien ! a-t-il déclaré.

— Puisque vous ne voyiez rien, il fallait ralentir ! Vous devriez savoir qu'au volant, la vue c'est la vie ! lui a répondu le commissaire Grosset.

■ Comme la météorologie prévoit de nouvelles chutes de neige pour les jours prochains, nous recommandons aux automobilistes de redoubler de prudence sur les routes.

■ Comme les basses pressions dominent sur l'ensemble du pays, les températures resteront très basses et les chutes de neige seront fréquentes : Bison fûté vous conseille donc d'éviter de prendre votre voiture puisqu'il neigera et que les routes seront dangereuses.

■ Comme l'anticyclone des Açores protège nos côtes et que les hautes pressions dominent, les températures seront plus élevées. Puisqu'il fera très doux pour la saison, il faudra s'attendre à d'épaisses brumes matinales qui se dissiperont en fin de matinée ; Bison fûté vous recommande de partir vers midi. N'oubliez pas : c'est parce que vous serez prudents que les accidents diminueront !

---

⑤ 1. _____ il était bloqué par la neige, un automobiliste a dû passer la nuit dans sa voiture.

2. Bison fûté vous conseille d'éviter les routes montagneuses _____ les avalanches sont très fréquentes ces jours-ci.

3. On se rappelle que les avalanches se produisent généralement _____ les neiges ne sont plus assez solides en profondeur.

4. _____, **tout le monde le sait maintenant**, le moindre bruit (cri, chant, moteur, etc.) provoque facilement une avalanche, on se demande pourquoi il y a encore des automobilistes qui klaxonnent dans les virages de montagne.

5. **C'est** _____ les températures sont particulièrement douces en ce moment **que** se déclenchent les avalanches.

6. _____ l'eau des neiges fondues vient grossir le débit des cours d'eau, il est normal qu'en ce moment il y ait des inondations.

7. _____ les chutes de neige ont été très abondantes la nuit dernière et _____ les machines n'ont pas encore nettoyé les routes, il est fortement recommandé aux automobilistes de laisser leur voiture au garage.

8. Au petit matin, il y aura beaucoup d'automobilistes sur les routes _____, **vous le savez**, la saison de la pêche vient de commencer. À ce propos, on apprend que les pêcheurs sont mécontents _____ de plus en plus de poissons sont tués par la pollution. Mais à quoi sert ce mécontentement _____, **on le sait**, les usines continuent et continueront encore longtemps à déverser leurs déchets dans les rivières.

9. _____ la pollution nous concerne tous, Bison fûté recommande à tous les conducteurs de ne plus jeter leurs huiles de moteur n'importe où.

8 Et voilà sa lettre d'excuses

Monsieur P. Jérôme
Directeur des Ventes
Champagnes Bouillard
20, bd Épinay, 77000 Reims

Maison Verlaine
Grossiste en vins et spiritueux
18, rue Rabelais, 88000 Nancy

Monsieur le Directeur,

_____

_____

_____

_____

_____

Pascal Jérôme

9 Titres

Devant le barrage
de la Nationale 7,
un touriste
abandonne sa voiture
et rentre à pied

_____

_____

_____

_____

*Pas d'aires de stationnement
sur la nouvelle Nationale 7*

_____

_____

a

Grâce à Bison fûté, les automobilistes sont en sécurité, **tant mieux** !

A cause du mauvais temps, les routes sont dangereuses, **c'est dommage** !

Par suite des fortes pluies, les récoltes seront très médiocres cette année, **c'est bien regrettable** !

Du fait de l'élargissement de la Nationale 7, il y a nettement moins d'accidents de la circulation.

En raison des hautes pressions, les températures seront nettement plus élevées.

b

Vu **la lenteur** des travaux sur la Nationale 7, elle sera encore longtemps fermée à la circulation.

Vu que les travaux **sont** très longs, la Nationale 7 sera encore fermée longtemps.

Étant donné **la lenteur** des travaux, la Nationale 7 sera encore longtemps fermée à la circulation.

Étant donné que les travaux **sont** très longs, la Nationale 7 sera encore longtemps fermée à la circulation.

c

— **Pourquoi** avez-vous eu un accident ?

— **Parce qu'**il y avait du brouillard et **que** je ne voyais rien.

— **Puisque** vous ne voyiez rien, il fallait rouler prudemment.

Il a eu un accident **parce que** la route était glissante.

Comme la route était glissante, il a eu un accident.

Puisque , **tout le monde le sait,** les routes sont glissantes en ce moment, il faut conduire avec prudence.

C'est **parce que** la route était glissante **qu'il** a eu un accident.

Conduisez prudemment **puisque** les routes sont si glissantes !

DOSSIER 16

L'enquête de la semaine:
avoir vingt ans en 88

À QUI

DANS LEQUEL

AUQUEL

AUXQUELLES

DONT

À LAQUELLE

AVEC QUI

**Les petits boulots dont ils vivent,
les amis avec qui ils sortent,
les activités auxquelles ils s'intéressent
et les carrières dont ils ne veulent pas entendre parler.
Vous saurez tout en lisant notre enquête.**

AVOIR VINGT ANS EN 1988 !

Des jeunes, venant de familles plutôt aisées, ont répondu aux questions de Marcel Delmas.

Beaucoup de jeunes de 18-20 ans ne sont plus comme ceux d'avant. Tout d'abord, vivre indépendants de leur famille n'est plus la première chose qu'ils veulent. Pour Sara par exemple, qui a 22 ans et qui est secrétaire médicale, pas question de quitter ses parents, chez qui elle trouve le confort moral et matériel :

« Moi, j'aurais horreur de vivre seule ! Pourquoi m'obliger à quitter mon père et ma mère, avec qui je m'entends assez bien ? Et mon frère, avec qui je me dispute souvent, c'est vrai, mais à qui je peux raconter mes petites histoires ? Je suis mieux avec eux dans leur appartement du XVe que toute seule dans une petite chambre de bonne. »

Dans les années soixante, pour pouvoir être soi-même, il fallait se séparer de sa famille. Maintenant, les parents ne sont plus les personnes dont il faut se séparer au plus vite. Ce sont au contraire des gens dont on recherche encore la présence et dont l'aide morale et matérielle est vitale. Bref, des gens dont les jeunes ont besoin affectivement et financièrement bien sûr !

1. Quand les jeunes **sont amoureux de** quelqu'un, leurs parents ont moins d'importance pour eux mais pour un temps seulement. Voici ce que raconte Lise, 23 ans :

« A 18 ans, j'ai voulu m'installer avec **un copain** _____ étais très **amoureuse**. J'ai donc quitté **mes parents,** _____ j'**habitais** depuis toujours. Au bout d'un an, **le garçon** _____ je **vivais**, m'a laissé tomber. La solitude a été très dure pour moi et **mes parents** _____ j'**ai demandé** si je pouvais revenir, m'ont tout de suite accueillie. »

2. Il y a bien des difficultés dans la vie commune, mais les jeunes s'en arrangent.

« Mes parents veulent toujours tout savoir sur les **copains** _____ je **sors, les gens** _____ je **téléphone** ou _____ je **vais** ! Alors, on se dispute ! Mais finalement, je leur dis seulement ce que je veux. »

3. Cette attitude de Valérie, 20 ans, est fréquente. Nous la retrouvons chez Pierre, 21 ans, étudiant :
« J'ai des amis que mon père refuse de voir chez lui. Au début, ça a fait des problèmes, mais maintenant, j'évite d'amener chez moi des **gens** _____ il n'aime pas le **genre** et _____ il risquerait d'**être désagréable**. Je les vois ailleurs, c'est tout. Comme ça, pas de problèmes, je garde ma liberté ! »

4. Oui, cette liberté, ils n'ont souvent plus besoin de la revendiquer. **Leurs parents,** _____ ils **dépendent** souvent assez longtemps, les laissent faire ce qu'ils veulent, beaucoup plus qu'avant.

5. En effet, pour les jeunes qui avaient 18-20 ans dans les années soixante-dix, il était impossible de vivre avec **des adultes** _____ ils n'acceptaient pas **les idées**. Certains de ces jeunes ne voulaient pas profiter de l'argent de leurs parents, _____ ils **reprochaient** trop de choses. Donc, la meilleure solution pour retrouver la paix intérieure, c'était de quitter **cette famille,** _____ **la manière de vivre** était trop difficile à supporter.

VIVENT LES PETITS BOULOTS !

Actuellement, beaucoup de jeunes refusent de choisir des professions auxquelles ils devraient consacrer une grande partie de leur vie. Ils préfèrent prendre des « petits boulots » dans lesquels il n'ont pas à s'engager vraiment. La diversité des expériences et des rencontres leur paraît plus intéressante et plus riche. Étonnamment, un salaire élevé n'est pas une chose dont ils se préoccupent et par laquelle ils se sentent motivés.

Faire une carrière et avoir une position sociale influente sont des buts de la vie dont beaucoup de jeunes ne voient pas non plus l'intérêt.

De plus, il est intéressant de constater qu'un bon nombre d'entre eux ne peut pas supporter l'idée d'avoir un chef auquel il faut obéir. Ceci expliquerait-il cela ?

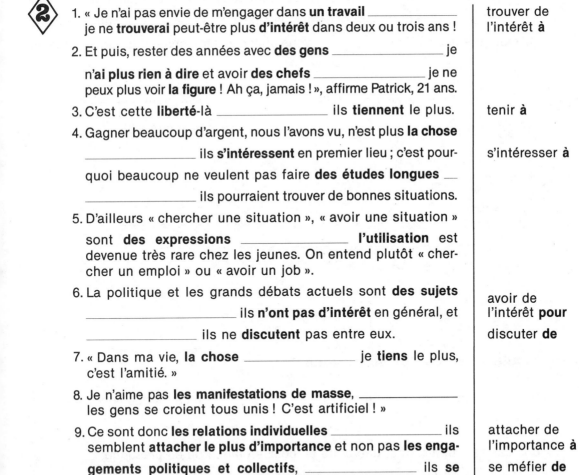

2

1. « Je n'ai pas envie de m'engager dans **un travail** _____ je ne **trouverai** peut-être plus **d'intérêt** dans deux ou trois ans !

   *trouver de l'intérêt **à***

2. Et puis, rester des années avec **des gens** _____ je n'**ai plus rien à dire** et avoir **des chefs** _____ je ne peux plus voir **la figure** ! Ah ça, jamais ! », affirme Patrick, 21 ans.

3. C'est cette **liberté**-là _____ ils **tiennent** le plus.

   *tenir **à***

4. Gagner beaucoup d'argent, nous l'avons vu, n'est plus **la chose** _____ ils **s'intéressent** en premier lieu ; c'est pourquoi beaucoup ne veulent pas faire **des études longues** __ _____ ils pourraient trouver de bonnes situations.

   *s'intéresser **à***

5. D'ailleurs « chercher une situation », « avoir une situation » sont **des expressions** _____ **l'utilisation** est devenue très rare chez les jeunes. On entend plutôt « chercher un emploi » ou « avoir un job ».

6. La politique et les grands débats actuels sont **des sujets** _____ ils **n'ont pas d'intérêt** en général, et _____ ils ne **discutent** pas entre eux.

   *avoir de l'intérêt **pour***

   *discuter **de***

7. « Dans ma vie, **la chose** _____ je **tiens** le plus, c'est l'amitié. »

8. Je n'aime pas **les manifestations de masse**, _____ les gens se croient tous unis ! C'est artificiel ! »

9. Ce sont donc **les relations individuelles** _____ ils semblent **attacher le plus d'importance** et non pas **les engagements politiques et collectifs**, _____ ils se **méfient** le plus souvent.

   *attacher de l'importance **à***

   *se méfier **de***

   Quelle conclusion apporter à cette enquête ? Les jeunes de maintenant sont-ils réalistes, individualistes, égoïstes ? À chacun d'en juger !

3 Le film de la semaine : des jeunes venus d'ailleurs

Kaos, de Paolo et Vittorio Taviani

Un film magnifique _____ vous vous souviendrez longtemps. L'action se passe en Sicile, dans une région de terres sèches et rocailleuses _____ on vit difficilement, mais _____ on est attaché. Pour aller chercher fortune en Amérique, les deux enfants de Maragrazia, comme beaucoup d'autres, ont dû quitter la maison _____ ils ont grandi et les amis _____ ils ont vécu.

Depuis quatorze ans, leur mère leur écrit des lettres, _____ ils ne répondent jamais. Elle souffre de ce silence chaque jour, sans rien en dire à son dernier fils, _____ elle vit, mais _____ elle reproche de n'être pas parti et d'être resté pauvre sur cette terre pauvre. Ce déchirement maternel _____ elle souffre profondément la rend impressionnante de vérité humaine. Ne manquez pas ce film _____ vous aimerez l'atmosphère de vérité humaine.

4

« _____ » de _____

Un très bon film _____ vous garderez un souvenir inoubliable : _____

_____

_____

_____

_____

_____

_____

_____

_____

5 Langage : le jeu des définitions

Un casse-noix, c'est un instrument _____ on casse des noix, c'est clair.

1. et un chausse-pieds ? _____

Une caisse à outils, c'est une boîte en bois, en métal ou en plastique _____

_____ on range des outils de petite taille.

2. et un vide-poches ? _____

Un monte-charge, c'est un appareil _____ on se sert pour monter des objets volumineux et lourds.

3. et un presse-citron ? _____

4. un fourre-tout ? _____

5. un homme d'argent, c'est un homme _____ l'argent est une chose très importante.

6. et un homme à femmes ? _____

7. un homme de main ? _____

8. un casse-cou ? _____

9. une femme de tête ? _____

10. une tête à claques ? _____

11. un pays de rêve ? _____

12. _____

13. _____

Si plus de la moitié de vos réponses sont farfelues, vous êtes « le Prince de l'imagination » !

⑥   ÇA SE DIT COMME ÇA

« Moi, **je m'entends** bien **avec mes parents**, ça va ! »

- Les 18-20 ans habitent souvent chez **leurs parents**, | avec qui / avec lesquels | **ils s'entendent** bien.

« Je **parle** beaucoup **à ma mère**. »

- Leur mère est souvent **une personne** | à qui / à laquelle | **ils parlent** beaucoup.

« M'engager dans un boulot, pourquoi ? »

- Ils cherchent **un emploi** | dans lequel | ils n'auraient pas à **s'engager** vraiment.

« Je n'ai pas envie de **consacrer** ma vie **à ma profession**.

- Ils refusent **les professions** | auxquelles | ils devraient **consacrer** beaucoup de temps.

« Oui, financièrement **je dépens** encore | de | **mes parents**, mais ça ne leur déplaît pas, je crois ! »

- **Leurs parents,** | dont | **ils dépendent** souvent matériellement, ne sont pas mécontents de les voir près d'eux.

« Je n'aime pas du tout **les idées** | de | **mes parents**, mais ça ne me gêne pas trop ! »

- Ils peuvent vivre avec **leurs parents,** | dont | ils n'aiment pourtant pas **les idées**.

« **La manière de vivre** | de | **mes parents** est très rétrograde, mais ça ne me gêne pas ! »

- Ils supportent assez bien **leurs parents,** | dont | **la manière de vivre** est pourtant très rétrograde à leurs yeux.

« La politique, **je ne discute pas** | de | ça, à quoi ça sert ? »

- La politique est **un sujet** | dont | **ils ne discutent pas**.

« Vivre pour la carrière ? Je ne vois pas **l'intérêt** | de | ce but-là. »

- Faire une carrière est **un but** de la vie | dont | ils ne voient pas **l'intérêt**.

« **La réussite** | de | **mes relations** avec les autres, c'est pour moi la chose la plus importante.

- Ils parlent beaucoup **des relations humaines,** | dont | **la réussite** est très importante pour eux.

Table des illustrations

Dessin : Émile Bravo
Couverture : Studio Sunset

Aubin Imprimeur
LIGUGÉ, POITIERS

Achevé d'imprimer en septembre 1988
N° d'édition 10847 / N° d'impression L 28102
Dépôt légal, septembre 1988 / Imprimé en France

FAMILLES : LES FRANÇAIS
NE FONT PAS ASSEZ D'ENFANTS, p. 41

• Faire repérer les verbes ou locutions verbales introduisant respectivement l'indicatif et le subjonctif.

Corrigé

5 1. veut – construise – réduise
2. améliore / améliorera – augmente
3. est – puissent – soit
4. doit – ont – veuille
5. rend – fassent

Le feuilleton de la semaine : Jude Prolixe, détective, p. 45

JUDE PROLIXE, DÉTECTIVE, p. 46

• Faire repérer les imparfaits et les passés composés.
• Faire réfléchir sur la valeur *descriptive* de l'imparfait et sur la valeur d'*action ponctuelle et achevée* du passé composé.

Corrigé

1 1. s'est installé – a commandé – a ouvert
2. ai attendu – se trouvait
3. était – était
4. mangeait – lisait – regardait
5. a fermé – a réglé – est sorti – soufflait
6. ai suivi – ai eu peur – avait
7. ai rattrapé
8. suis entré – ai entendu
9. suis monté – avait – était
10. s'est arrêté – a sonné
11. a ouvert – suis descendu – ai vérifié

B, p. 47

• Faire repérer les imparfaits et les passés composés.
• Faire remarquer les constructions des phrases avec complétives (que phrases) relatives et temporelles.
• Faire réfléchir sur la valeur d'*action en déroulement (fond de toile)* de l'imparfait et sur la valeur d'*action ponctuelle et achevée (focalisation)* du passé composé.

Corrigé

2 1. ont vu – attendais – ont voulu – ai abordés
2. ai demandé – allaient
3. (m')a répondu – regardait
4. parlait – ai sorti – tenais – se sont rendus
5. marchions – ont essayé – ai menacés – était – sommes arrivés

C, p. 47

• Faire repérer les passés composés.
• Faire remarquer les constructions avec subordonnées temporelles.
• Faire réfléchir sur la valeur de *simultanéité* ou de *succession immédiate* des actions exprimées par ces passés composés.
• Rappeler la valeur *fond de toile* des imparfaits.

Corrigé

3 1. ai demandé – avait – m'a montré – contenait
2. ai lu – ai compris – était
3. contenait
4. ai rendu – a relu
5. a demandé – voulais – semblait
6. ai accepté – a reconduit – me suis retrouvé – ai éclaté

D, p. 48

• Faire repérer les plus-que-parfaits.
• Faire réfléchir sur leur valeur d'*antériorité* par rapport aux passés composés.

Corrigé

4 1. avait confié
2. avais deviné – s'agissait – fallait – m'étais pas trompé
3. ai cherché – me suis rappelé – avais laissé
4. ai demandé – avait – (m')a répondu – avait perdu
5. ai découvert – se trouvait – avait dévalisée
6. ai imaginé – avaient caché – était – avaient échappé
7. ai décidé – ai attendu
8. ai vu – s'était pas rasé – était sorti – ai compris – s'était caché – ai suivi

---

Revue de presse : Vie sportive, culturelle et sociale et faits divers, p. 53

LES ACTUALITÉS SPORTIVES DE « L'ÉQUIPE », p. 54

• Faire repérer les constructions passives : **être** + participe passé avec ou sans **par**.
• Faire comparer avec les formes actives.

Corrigé

1 1. a été remporté
2. ont été brûlés
3. a été heurtée par
4. est – adapté
5. n'ai – été aidé
6. a été gagnée par – a – été reconnue
7. a été gagnée par – est considéré par
8. sont / seront attendues – sera pas représentée – seront disputées – être – ouverts par

2 2. a été cambriolé
3. a été attaquée par
4. a été heurté par une Renault 5
5. ont été massacrés par des vandales
6. a été dévalisée
7. a été volé par
8. ont été trouvés par – avaient été cachés par

4 1. sont / seront remboursés
2. sont / seront versés
3. sont / seront pris en charge par
4. être prolongé

5. être déclarée
6. est obligé / tenu

6 1. seront signés à la fin du mois à Fontainebleau
2. a été réélu dimanche dernier
3. seront réorganisés dès le mois prochain
4. ont été examinés hier à l'Assemblée Nationale
5. Tous les crédits attribués aux administrations seront réduits l'an prochain
6. 500 emplois ont été créés dans les hôpitaux parisiens depuis le début de l'année
7. Le Président italien est / sera reçu à l'Élysée aujourd'hui
8. La loi sur la réforme de l'éducation a été / sera votée cet après-midi

ÇA SE DIT COMME ÇA, p. 61

• Faire repérer la construction nominale **se** + verbe dans sa valeur passive dans le cas de sujets grammaticaux inanimés.

Corrigé

9 1. se boit
2. se prennent
3. se met
4. se lit
5. s'écrit
6. se nettoie

Courrier des lecteurs, p. 63

LE COURRIER DES JEUNES LECTEURS, p. 64

• Faire repérer : **depuis...** / **il y a... que** / **ça fait... que** / **voilà... que** + présent.

Corrigé

1 1. Depuis
2. Il y a / ça fait
3. deux ans / quelque temps / etc. **que**
4. **Depuis** trois mois / peu de temps / etc.
5. **Depuis** cinq semaines / quelques jours / etc.

Il y a
Ça fait } cinq ans / longtemps / etc. **que**
Voilà

Il y a
Ça fait } 1 an / quelques années / etc. **que**
Voilà

6. **Depuis** trois ans / assez longtemps / etc.

Il y a
Ça fait } huit ans / très longtemps / etc. **que**
Voilà

LE COURRIER DES LECTEURS
« C'EST VOUS QUI LE DITES ! », p. 64

• Faire repérer le type de mots qui suivent **depuis**.
• Comparer avec le type de mots qui suivent :
il y a / ça fait / voilà ... **que**.

Corrigé

2 1. **Depuis** 1984 / quelque temps / mon arrivée,
Il y a
Ça fait } deux mois / quelque temps **que**
Voilà

2. **depuis** 1984 / ma maladie / longtemps, etc.
3. mon abonnement
4. l'année dernière / quelques années / votre premier numéro, etc.
5. **Depuis** 1981 / quelque temps, les dernières élections, etc.
6. **Depuis** trois mois / plusieurs années / sa parution, etc.

Il y a
Ça fait } trois mois / plusieurs années **que**
Voilà

MARIE BLANCHE :
LIBRE EXPRESSION DES LECTRICES, , p. 65

• Faire repérer : **il y a**... + passé composé.
• Faire opposer à : **depuis**... + présent.

Corrigé

3 1. il y a – depuis
2. Il y a – il y a – depuis
3. Il y a – depuis
4. Il y a
5. il y a – depuis

QUOTIDIENNEMENT VÔTRE, p. 66

• Faire repérer **dès** et le type de mots qui le suivent : expression subjective d'un moment ou d'un point de départ temporel précoces.
• Faire comparer avec l'emploi de **depuis** : expression objective d'un point de départ et d'une durée.

Corrigé

4 1. dès - Depuis - depuis
2. Dès - depuis
3. Depuis - Dès
4. dès - depuis - dès
5. Dès - Depuis
6. Depuis - Dès - dès

LE COIN DES CANDIDES, p. 67

• Faire repérer **dès** et **à partir de** et faire comparer leur emploi respectif :
— expression subjective d'un moment ou d'un point de départ temporel précoces ;
— expression objective d'un point de départ temporel.
• Rappeler les emplois de **jusqu'à** et de **depuis**.

Corrigé

5 1. A partir – dès
2. à partir de – dès – à partir de – jusqu'au
3. A partir de – depuis – dès
4. A partir de – jusqu'à – dès
5. à partir de – depuis
6. A partir du – jusqu'au – dès – depuis

LE COURRIER DES PARENTS, p. 68

• Faire repérer **pendant** et ses emplois :
expression d'une durée *fermée* présente, passée ou future.
• Faire comparer avec ceux de **depuis** :
expression d'une durée *ouverte* et de son point de départ.

Corrigé

6 1. Pendant - depuis
2. Pendant - depuis
3. Depuis - pendant
4. Pendant - depuis
5. Depuis - pendant - depuis

LES LECTEURS NOUS ÉCRIVENT, p. 69

• Faire repérer **en** et son emploi :
expression de la durée nécessaire à l'accomplissement d'une action présente, passée ou future.
• Faire comparer avec celui de **pendant** :
expression de la durée d'une action présente, passée ou future.

Corrigé

7 1. pendant – en
2. Pendant – Pendant – en – en
3. en
4. en – pendant – en
5. pendant – en – pendant

LA BOÎTE AUX LETTRES DE NOS LECTEURS, p. 70

• Faire repérer **en** et **dans**.
• Faire comparer leur emploi respectif :
— expression de la durée nécessaire à l'accomplissement d'une action.
— expression du moment où une action future va avoir lieu, par rapport au présent du locuteur.

Corrigé

8 1. dans – dans
2. dans – en
3. Dans – en – en
4. dans
5. en – en

LE COURRIER DU « NOUVEAU PARISIEN », p. 73

• Faire repérer **depuis…**, **il y a** / **ça fait… que** et leur emploi avec le passé composé.
• Rappeler leur emploi avec le présent.

Corrigé

10 1. j'ai découvert – depuis deux mois / depuis
2. Depuis – est parti
3. **Depuis** un mois /
Il y a ⎫
Ça fait ⎬ un mois **que** – sont morts
Voilà ⎭
4. Depuis – j'ai décidé
5. deux ans / quelques semaines / longtemps /, etc. – j'ai quitté
6. **Depuis** deux semaines, j'ai perdu /
Il y a ⎫
Ça fait ⎬ deux semaines **que** j'ai perdu
Voilà ⎭
7. **Depuis** deux mois, j'ai commencé /
Il y a ⎫
Ça fait ⎬ deux mois **que** j'ai commencé –
Voilà ⎭
Depuis deux mois / depuis

8. une semaine / etc. – que j'ai vendu –
Depuis une semaine / **depuis**, je vais /
Il y a ⎫
Ça fait ⎬ une semaine **que** je vais – me sens
Voilà ⎭
9. **Depuis** plusieurs mois, j'ai fini /
Il y a ⎫
Ça fait ⎬ plusieurs mois **que** j'ai fini –
Voilà ⎭
depuis – cherche – suis

LETTRES DE LECTEURS, p. 74

• Faire repérer **depuis…**, **il y a** / **ça fait… que** et leur emploi avec le passé composé à la forme négative.
• Rappeler leur emploi avec le présent.

Corrigé

11 1. quelque temps / etc. – ai pas joué
2. **Depuis** trois mois, je n'ai pas fumé /
Il y a ⎫
Ça fait ⎬ trois mois **que** je n'ai pas fumé –
Voilà ⎭
trois mois **que** je ne fume
3. je n'ai pas fait de marche à pied depuis dix ans /
il y a ⎫
ça fait ⎬ dix ans **que** je n'ai pas fait de marche
voilà ⎭ à pied –
depuis dix ans / depuis – me sens /
il y a ⎫
ça fait ⎬ dix ans **que** – me sens
voilà ⎭
4. Je n'ai pas ri depuis une semaine /
Il y a ⎫
Ça fait ⎬ une semaine **que** je n'ai pas ri
Voilà ⎭
5. **Depuis** plusieurs mois, je ne me suis pas promené(e) /
Il y a ⎫
Ça fait ⎬ plusieurs mois **que** je ne me suis pas
Voilà ⎭ promené(e)
6. **Depuis** huit ans, je n'ai pas vécu /
Il y a ⎫
Ça fait ⎬ huit ans **que** je n'ai pas vécu –
Voilà ⎭
habite – depuis huit ans / depuis tout ce temps

Interviews de la semaine : Vedettes en tous genres, p. 76

INTERVIEW D'UN SÉDENTAIRE ENDURCI, p. 77

• Faire repérer les constructions :
si + présent, présent.

Corrigé

1 1. s' – fait – S'il – s'il fait – vais – s'il fait – vais / passe – vais
2. Si – donne – vais – s'il y a – vais

3. si – vient / va – est – avez
4. S'il fait – sors – s'il fait – êtes
5. S'il fait – restez – s'il fait froid – regarde –
si – est – lis – reste – si

NOTRE JOURNALISTE A ÉCOUTÉ LES PROPOS DU DOCTEUR TIZANE, p. 79

• Faire repérer les constructions :
Si + présent / passé composé, présent / impératif.
• Faire remarquer la reprise de **si** par **que**.

Corrigé

3 Si – fait / a fait – qu' – a – il faut prendre /
il suffit de prendre
2. Si – avez – dormi – que – avez – prenez
– faites
3. Si – avez – appelez / prévenez – suivez
4. Si – donne / a donné – que – allez
5. Si – avez – suivi

L'INTERVIEW DU DOCTEUR GIBUS OU LES RÉSULTATS D'UNE MAUVAISE HYGIÈNE, p. 80

• Faire repérer les constructions :
si + présent, présent (à valeur de futur) / futur.

Corrigé

5 1. j'achète – partirai
2. je vais / pars – verrai
3. aurai
4. achète – pourrai
5. vis – pourrai – travaille – gagnerai
6. gagne – devrai
7. vends – retourne – trouverai
8. aurai – ai

REVERS ET LES JOURNALISTES, p. 82

• Faire repérer les constructions :
si + imparfait, conditionnel présent.

Corrigé

7 1. Choisiriez-vous
2. S' – avait – avait – ferais – pouvais –
ferais / pratiquerais – jouais
3. retourniez
4. ne pouvais – serais / deviendrais – ferais
/ monterais / créerais
5. étiez / deveniez – donneriez-vous
6. avais – apprendrais – ferais
7. étiez / deveniez – seriez
8. étais – ferais
9. deviez / vouliez / pouviez – serait
10. avais – serait

AVEC DES SI, IL AURAIT ÉTÉ BANQUIER, p. 84

• Faire repérer les constructions :
si + plus-que-parfait, conditionnel passé / conditionnel présent.

Corrigé

9 1. aviez été
2. j'étais devenu – aurais gagné – avais été –
aurait parlé – serais devenu
3. auriez fait – avait pas arrêté
4. avais pas été arrêté – serais allé
5. étiez allé – aurait oublié
6. avais pu – je me serais caché – se souviendrait
7. auriez fait – aviez pas passé
8. aurais pas mis

Politique : les partis face à face, p. 87

FACE À FACE, P. 88

• Faire repérer l'ordre des pronoms personnels compléments de la troisième personne.

Corrigé

1 1. les leur
2. la leur
3. la leur
4. leur en
5. la lui
6. le leur
7. les leur
8. leur en

DIMANCHE PROCHAIN VOUS VOTEREZ POUR LE PARTI DU PROGRÈS, p. 89

• Faire repérer l'ordre des pronoms personnels compléments des première, deuxième et troisième personnes.

Corrigé

2 1. nous en
2. nous l'
3. nous en
4. la nous
5. le nous
6. la nous
7. nous en
8. nous y
9. vous en - les lui

Vie urbaine : le Parisien enchaîné, p. 93

LE PARISIEN ENCHAÎNÉ, p. 94

• Faire repérer les constructions consécutives :
si bien que
si / tellement + adjectif / adverbe que
tant de / tellement de + nom que
tellement / tant + verbe que (attention ici à l'ordre des mots quand le verbe est à un temps composé).

Corrigé

1 1. si bien que
2. tellement / si – que – tellement de / tant de –
tellement d' / tant d' – tellement de / tant de –
que – tellement / si – tellement / si – qu'
3. tellement / si – que – si bien qu' – tellement /
si – qu' – tellement / si – qu' – tellement /
si – tellement / si – tellement qu' / tant qu'
4. tellement qu' / tant qu' – tellement / si –
qu' – tellement / si – qu' – tellement qu' / tant
qu'

5. tellement qu' / tant qu' – tellement / si –
qu' – tellement de / tant de – que
6. tellement qu' / tant qu' – tellement d' / tant
d' – qu'
7. tellement de / tant de – tellement / tant – tellement / si – tellement / si – qu'

La page psy : connais-toi toi-même, p. 97

DANS VOS RAPPORTS AVEC VOS AMIS..., p. 98
• Faire repérer les constructions :
avant de + infinitif
avant que + subjonctif présent / passé (faire remarquer la présence du **ne**).
• Faire comparer leur emploi respectif (même sujet,
sujets différents).

Corrigé
1 6. avant de
7. avant qu' – aient
8. avant qu' – aient / aient eu
9. Avant de
10. Avant qu' – ne partent
11. avant qu' – ne
12. avant que – ne soit
13. Avant de
14. avant que – n'aient

ET EN FAMILLE ?..., p. 99
• Faire repérer les constructions :
tant que + indicatif.
• Faire repérer les différents temps des verbes dans
les deux parties de chaque phrase.

Corrigé
2 7. tant que – auront – acheté
8. tant qu' – fait
9. tant que – donneront
10. tant que – font
11. tant que – êtes
12. Tant qu' – aura
13. Tant que – ferez
14. tant que – habitez / êtes

ET EN PUBLIC ?..., p. 100
• Faire repérer la construction :
jusqu'à ce que + subjonctif (présent / passé).
• Faire rapprocher de la construction
tant que + indicatif à la forme négative.

Corrigé
3 7. jusqu'à ce que   14. jusqu'à ce qu'
8. tant que   15. tant que
9. jusqu'à ce que   16. tant que
10. jusqu'à ce que   17. jusqu'à ce que
11. jusqu'à ce que   18. Tant que
12. tant que   19. jusqu'à ce que
13. jusqu'à ce qu'   20. tant que

Le marché du travail, p. 103

IL NE FAUT PAS MANQUER L'OCCASION, p. 104
• Faire repérer les constructions :
— verbe + infinitif
— même verbe + **que** phrase au subjonctif.
• Faire comparer leur emploi respectif.

Corrigé
1 1. ...er – ...er – qu' – avoir / posséder
2. qu' – soit – que – ait / possède – faut –
que – puisse / veuille / accepte de
3. il vaut mieux que / nous souhaitons que / etc. –
qu' – soient – avoir – que – se présentent /
viennent
4. ...ir – veut / désire / etc. – souhaite / désire /
etc. – ...re – qu' – soit – que – soit – que
ce soit / rencontrer
5. souhaitons / aimerions / etc. – soit – que –
soit – que – soit – souhaite / désire / etc. –
...er – ...re
6. parler – que – ait – qu' – soit – souhaite /
aimerait / etc. – ...re – veut / désire / etc.
7. qu' – soient – qu' – sachent / puissent –
rencontrer / voir – que – aient
8. désirez / souhaitez / etc. – ...er – voulez /
aimeriez / etc. – ...er – voulons / désirons / etc.
– que – soyez – que – être

NOTRE COMPAGNIE D'ASSURANCES, p. 106
• Faire repérer les constructions :
— verbe + **de** + infinitif
— même verbe + **que** phrase au subjonctif.
• Faire comparer leur emploi respectif.

Corrigé
2 1. de – que – aient / possèdent – que – soit
2. de travailler – de – que – soit – d'être –
que – sachent – de – ...re – que – soient
3. avez envie de / avez décidé de – de travailler
– d'avoir – que – soit – que – soient – qu'
aient
4. que – ...iez – que – ayez – que – ayez –
d'envoyer / de déposer / de faire parvenir

CHÔMEURS, OFFRE DE FORMATION..., p. 107
• Faire repérer les constructions :
— **croire**
penser   } + infinitif (sans **de**)
espérer
être sûr } + **que** phrase à l'indicatif.
— mêmes verbes } + infinitif (sans **de**)
à la forme négative } + **que** phrase au subjonctif.

Corrigé
3 1. que – sont – qu' – doive – espère – qu'
2. pense / croit – qu' – soit – que – sont /
seront – que – sera
3. pensez / croyez – ait – serez
4. espérons – de – ...er – pensons / espérons
– sommes sûrs de – ...er

5. êtes – sûr – soit – pensez / croyez – soit – que – conviendra / plaira – qu' – est
6. soit – devienne – accepterez de / déciderez de / voudrez bien

Société :
Paris cosmopolite, p. 110

UNE INTERVIEW DE MARCEL DELMAS, p. 111
• Faire repérer les expressions de la concession et leur construction au subjonctif pour **bien que** et **quoique**.
• Faire remarquer que **malgré** se construit avec un nom.

Corrigé

1 1. bien que / quoique
2. Bien qu' / quoiqu' – soit né – ait passé
3. Malgré – bien que / quoique – comprenne
4. Bien que / quoique – soyez – Bien que / quoique – soit – que – viviez – malgré – malgré
5. Bien que / quoique – sois – bien qu' / quoiqu' – habite
6. malgré
7. Malgré – bien que / quoique – aie appris – que – soyons
8. bien qu' / quoiqu' – soit née – que – viennent
9. Malgré
10. malgré

Météorologie
et état des routes, p. 114

MÉTÉOROLOGIE, p. 115
• Faire repérer les expressions causales : **grâce à**, **en raison de**, etc. et leurs différentes formes liées au genre et au nombre des noms.

Corrigé

1 1. Grâce aux
2. à cause des / par suite des / en raison des / du fait des
3. Grâce à la / Par suite de la / En raison de la / Du fait de la
4. A cause du / Par suite du / En raison du / Du fait du
5. A cause de la / Par suite de la / En raison de la / Du fait de la
6. En raison de la / Par suite de la / Du fait de la
7. Grâce aux
8. A cause de la / En raison de la / Du fait de la

LA NATIONALE 7 EN QUESTION !, p. 117
• Faire repérer les expressions causales et leurs constructions : avec un nom / avec une **que** phrase.

Corrigé

4 1. Vu que / Étant donné que
2. Vu / Étant donné

3. Vu que / Étant donné que
4. Vu que / Étant donné que
5. Vu / Étant donné
6. vu que / étant donné que – vu / étant donné

AU VOLANT LA VUE C'EST LA VIE !, p. 118
• Faire repérer les conjonctions causales et leurs reprises par **que**. Faire réfléchir sur leur emploi respectif.

Corrigé

5 1. Comme
2. parce que
3. parce que
4. Puisque
5. parce que
6. Comme / Puisque
7. Comme – que / comme
8. puisque – parce que – puisque
9. Comme / Puisque

BISON FÛTÉ VOUS PARLE, p. 119

6 1. Puisqu' / Comme
2. puisque
3. parce que
4. Parce que
5. parce que

Avoir vingt ans en 1988, p. 123

AVOIR VINGT ANS EN 1988, p. 124
• Faire repérer les constructions relatives **avec qui**, **à qui**, **dont**, etc. et leurs antécédents humains.

Corrigé

1 1. dont – chez qui / avec qui – avec qui – à qui
2. avec qui – à qui – chez qui
3. dont – avec qui
4. dont
5. dont – à qui – dont

VIVENT LES PETITS BOULOTS !, p. 125
• Faire repérer les constructions relatives **auxquelles**, **dans laquelle**, **dont**, etc. et leurs antécédents humains / non humains.

Corrigé

2 1. auquel
2. à qui / auxquels – dont
3. à laquelle
4. à laquelle – grâce auxquelles
5. dont
6. pour lesquels – dont
7. à laquelle
8. dans lesquelles
9. auxquelles – dont

3 dont – dans laquelle / sur lesquelles / où – à laquelle / auxquelles – dans laquelle – avec qui/ avec lesquels
auxquelles – avec qui / avec lequel – à qui / auquel – dont – dont

CORRIGÉS

VOTRE HEBDOMADAIRE, p. 6
• Faire repérer les formes simples des pronoms relatifs (**qui / que / où**).
• Faire réfléchir sur leur fonction grammaticale (sujet / objet / complément de lieu).

Corrigé

1 1. qui – qui – que
2. où – où – où – où
3. qui – que – que – qu'
4. où – où – où – qu'
5. que – que – que – qui
6. que – que – que

3 1. que – qui – qui – qui – que
2. où – que
3. que – où – qui

Documentaire spécial : Sensationnel et insolite, p. 11

SENSATIONNEL - NUMÉRO SPÉCIAL, p. 12
• Faire repérer les formes des présentatifs (**c'est / ce sont**) + groupe nominal ou + pronom tonique.
• Faire comparer leur emploi à celui des pronoms personnels sujets avec le verbe être (**il / elle est – ils / elles sont**) + adjectif.

Corrigé

1 1. c'est – elle est – elle est
2. c'est – il est
3. c'est – elle est
4. il est – il est – c'est – c'est
5. c'est – elle est – elle est
6. ils sont – ce sont
7. c'est – elle est – c'est
8. c'est – il est

2 1. c'est – il est
2. c'est – il est
3. c'est – il est – il est
4. c'est – il est – il est
5. c'est
6. elle est – elle est
7. ce sont les plus belles chutes d'eau du monde elles sont situées à la frontière des USA et du Canada.

INCROYABLE MAIS VRAI, p. 15
• Faire repérer les constructions : **c'est / il est / elle est** + adjectif.

• Faire différencier leur emploi (généralité / particularité).

Corrigé

5 1. c'est – c'est – c'est – c'est – elle a été
2. c'est – c'est – c'est – c'est – elle est – elle est – elle n'est
3. c'est – c'est – ils sont – ils sont – ils sont
4. ce n'est – c'est – c'est – il est – il est – ils sont – ils sont
5. elle sont – elles sont – c'est – c'est – c'est

LES DÉCOUVERTES DE TONTON BOURLINGUEUR / ENCYCLOPÉDIE UNIVERSELLE, p. 17
• Faire repérer les différences d'emploi de **c'est / il est** liées au registre de langue : **c'est** = plus familier, plus oral / **il est** = plus soutenu, plus administratif.
• Faire réfléchir sur leurs constructions : **de** + infinitif / **que** phrase.

Corrigé

8 1. C'est – c'est – d' – c'est – c'est – de – c'est – que
2. Il est – de – Il est – que – Il est – de – Il est – de

ÇA SE DIT COMME ÇA, p. 19
• Faire remarquer que, dans une situation vécue, on emploie :
— **c'est** + adjectif, toujours au masculin singulier pour montrer une ou des choses
— **il / elle est – ils / elles sont** + adjectif pour désigner une ou des personnes.

Corrigé

11 1. C'est – dur – il est
2. c'est magnifique – c'est
3. c'est formidable
4. c'est – c'est beau
5. c'est – il est

Les pages publicitaires, p. 21

ET VOICI VOS JOURNAUX ET MAGAZINES..., p. 22
• Faire repérer les pronoms démonstratifs à valeur *déictique* et leurs différentes formes : **celui-ci / celle-là**, etc.

Corrigé

1 2. Celle-ci / Celle-là
3. Celui-ci – Celui-là
4. Celui-là / Celui-ci

ET VOICI LA PAGE PUBLICITAIRE, p. 24
• Faire repérer les pronoms démonstratifs et leur emploi avec un pronom relatif (**qui** ou **que**) ou avec **de** + nom.

Corrigé

2
1. celui de
2. celui des
3. celles de la
4. ceux de l'
5. celles - celles qui
6. celui qui
7. ceux qui
8. celle que
9. celle que — celle que
10. celle que — celle que
11. celui que
12. ceux — celles que

3
1. celle de la — celle de l'
2. ceux qui — ceux qui — ceux qui — ceux qui — ceux qui
3. ceux — celles qui
4. ceux — ceux de
5. celles que / celle que — celle qui — celle que
6. ceux du
7. celle que
8. celui qui — celui que — celui du

4
1. Celui-ci — celui-là — Celui-ci / Celui-là — celui que — celui qui — Celui — celui de l' — Celui qui — Celui que
2. celle-ci / celle-là — celle-ci / celle-là — celle qui — celle qui — celle que
3. ceux de — ceux qu' — ceux de — ceux de
4. celle que — Celle qui — Celle des

Politique intérieure : points de vue de bistrot, p. 29

LE MICRO INVISIBLE, p. 30
• Faire repérer les pronoms **en** et **y**.
• Faire réfléchir sur leur emploi (verbes construits avec **à** ou **de**).

Corrigé

1
1. y	4. y — y	7. y
2. en	5. en	8. en — en
3. y — en	6. en	9. en

À LA TABLE D'À CÔTÉ, p. 31
• Faire repérer les pronoms **en / y / de lui / à lui**, etc.
• Faire comparer leur emploi (référent non-humain / humain).

Corrigé

2
1. s'intéresse à eux — on a besoin d'eux
2. s'en occupent — s'est occupé d'elle
3. est habitué à eux et à elles — a besoin d'eux et d'elles
4. en parle
5. y — y tient

Vie actuelle : regards sur la crise, p. 33

ILS EN VEULENT AUX MÉDIAS, p. 34
• Faire repérer et faire comparer les formes de l'indicatif présent et du subjonctif présent aux 1re, 2e, 3e et 6e personnes.
• Faire relever les verbes ou locutions verbales introduisant **que** + subjonctif.

Corrigé

1
1. devienne — que — s'informe — sortent — qu' — agissent
2. que — lise — voie — que — entende — regarde
3. que — sortes — prennes — que — parles — que — ouvres
4. prédise — promette — se sente
5. réponde — revienne — devienne — que — vive

EXTRAIT DE L'ÉMISSION TÉLÉVISÉE, p. 36
• Faire repérer et faire comparer les formes de l'indicatif présent et du subjonctif présent aux personnes **nous** et **vous**.
• Faire relever les verbes ou locutions verbales introduisant **que** + subjonctif.

Corrigé

2
1. devenions — construisions — que — bricolions
2. appreniez
3. découvriez — effacions
4. sortiez
5. remettions — changions
6. nous croyions

35 HEURES DE TRAVAIL PAR SEMAINE, p. 37
• Faire repérer les formes subjonctives des verbes « irréguliers » : vouloir, pouvoir, avoir, être, faire, savoir, aller.
• Faire relever les verbes ou locutions verbales introduisant **que** + subjonctif.

Corrigé

3
1. fasse — puissent
2. veuillent
3. ayons — puissions
4. soit
5. ait — sachent — puissent — aillent

CRISE DE LA JUSTICE, p. 38 •
• Faire repérer les formes du subjonctif passé.
• Faire réfléchir sur leur valeur temporelle.

Corrigé

4
1. aient obtenu	5. aient été libérés
2. ait supprimé	6. ait pas pu
3. soit tombée	7. ait pas surveillés
4. aient recommencé	
— aient pas eu peur	